# MADAME BLOC,

## OU

# L'INTRIGANTE.

DE L'IMPRIMERIE DE LEFEBVRE,
RUE DE BOURBON, N°. 11.

*Cent mille francs bien comptés ne pourraient ils pas rectifier quelques petites fautes de calcul ?*

# MADAME BLOC,

OU

# L'INTRIGANTE;

PAR L'AUTEUR

DU PAGE DE LA REINE MARGUERITE,

DES FORGES MYSTERIEUSES, etc., etc.

TOME QUATRIÈME.

À PARIS,

Chez LOCARD ET DAVI, Libraires, rue de Seine, F. S.-G., n°. 54; et Palais-Royal, Galerie de bois, côté du jardin, n°s. 246 et 247, attenant au Cabinet Littéraire.

1817.

# MADAME BLOC,
## OU
## L'INTRIGANTE.

## CHAPITRE LVI.

*Passe-temps d'une jolie Veuve.*

LE Ciel semblait avoir présidé à la délivrance de Léonide ; et si elle eut senti à quel point elle devait être reconnaissante de ce bienfait, peut-être eût-elle mérité de jouir en paix de la liberté et de l'immense fortune dont la mort de Scipion lui avait assuré la jouissance : mais toujours ingrate envers celui qui avait été si prodigue pour elle, ces biens acquis si miraculeusement, ne furent pour elle que la source de nouveaux malheurs. Fortune, liberté, tout fut sacrifié a l'amour; à l'amour qui, loin de mettre le comble à sa félicité, la rendit la plus infortunée des femmes.

Du moment que Lewensky eut obtenu la permission de faire sa cour à l'aimable veuve, il fut très-exact a lui témoigner l'intérêt qu'elle lui avait inspiré : les démonstrations en étaient d'autant plus vives, que des informations sûres lui avaient donné d'utiles renseignemens sur la fortune de sa divinité. Il savait à n'en pouvoir douter que, par son contrat de mariage, Scipion avait donné tous ses biens à son épouse, et il n'était bruit dans la ville que de l'immensité de ces biens. Aussi la première chose dont Stanislas (c'était le prénom de Lewensky) s'occupa, fut de veiller à la sûreté de Léonide. Il plaça une garde dans le château, et donna ordre qu'on fît plusieurs patrouilles par jour, pour s'assurer s'il n'y avait pas de brigands dans les environs. Il conseilla ensuite à notre héroïne de faire faire une distribution de bled, d'argent, de bestiaux. Le peuple, disait-il, est à celui qui l'achète. Donnez plus que ne donnaient M. et madame de Mentiel, et ils seront oubliés.

Léonide crut le conseil du Colonel, et bientôt elle eut autant d'amis que d'habitans dans son village. La beauté, la jeunesse donnent tant de prix à la moindre action : je l'ai dit et je ne cesserai de le répéter; ne fut-ce que par coquetterie, une femme doit être bonne, charitable, empressée à soulager les maux de ses semblables. La bienfaisance la pare de mille grâces touchantes, et celle qui n'aurait que de médiocres succès dans un bal ou dans une nombreuse réunion, enchantera, subjuguera dans la cabane du pauvre, lorsqu'on la verra calmer par un regard, par une parole affectueuse les maux que l'or souvent ne peut guérir. Oui, c'est là le véritable triomphe des femmes ; malheur à celles qui le négligent.

Léonide en sentit tout le prix, et l'amour sincère qu'elle avait pour Stanislas, lui inspira le désir de se montrer à lui sous la forme la plus intéressante.

Le service de Lewensky l'obligeait à être à Marseille ; mais tous les instans qu'il pouvait dérober à ses devoirs, il les passait à Mentiel, et, comme on sait, le village se trouvait sur la route. Sous prétexte d'aller voir un vieillard malade, ou de porter à des enfans des vêtemens qu'elle avait faits elle-même, elle allait à pied, suivie d'une de ses femmes, chez ces bonnes gens. La porte d'une cabane (si ce n'est dans les froids rigoureux) est toujours ouverte. Léonide, qui n'a point encore quitté le grand deuil, n'en est pas moins belle. Assise sur une escabelle, entourée de ces bons paysans, elle est charmante, et comme sa physionomie s'anime ; quel vif éclat colore ses joues quand Stanislas, mettant pied à terre, entre tout à coup dans la chaumière et ajoute au bienfait de son amie. Après avoir joui pendant quelques secondes de la reconnaissance expansive de ces bonnes gens, le Colonel offrait son bras à la jolie Châtelaine ; on remontait silencieusement au château, et l'on s'y disposait à recevoir une cour nombreuse qui venait sans cesse égayer le deuil de la belle veuve, et qu'attirait chez elle le meilleur ton, une douce liberté et la chère la plus excellente. On est bien sûr, lorsque l'on réunit tous ces moyens, d'avoir toujours beaucoup de gens empressés à vous aider à dépenser votre fortune ; aussi ne parlait-on à Marseille que de la jolie veuve et du beau

Colonel. La première ne pensait pas à retourner à Paris : qu'aurait-elle pu y désirer ? Stanislas ne pouvait y venir ; et par un instinct de jalousie qui ne se trompe jamais, elle n'avait nul désir qu'il fit connaissance avec ses cousines ; Hercilie surtout ne lui avait jamais paru une rivale aussi redoutable. La coquette ne croit aucune femme aussi-bien qu'elle. La femme qui aime de bonne foi, croit que toutes les autres la surpassent. Aussi n'avait-elle en aucune manière l'intention de se rendre aux sollicitations empressées de mesdames de Poligny et de Tresy, dont les lettres l'invitaient sans cesse à venir passer l'hiver dans la Capitale. La première de ces dames ne savait plus ce qu'était devenu le beau Polonais, et depuis six mois Dauzy l'assurait qu'il n'en avait reçu aucune nouvelle. On sera peut-être étonné que deux hommes qui s'aimaient autant, eussent tout à coup rompu toute correspondance. La lettre que je vais mettre sous les yeux du lecteur, lui donnera le mot de cette énigme, et lui fera connaître le caractère de Lewensky.

## *Lettre du colonel Lewensky, au peintre Dauzy.*

Marseille, le 10 messidor an 4.

« Tout ce que tu m'écris de la conquête que je dois à tes talens m'enchante; je dis que je te la dois, mon ami, car sans la grâce, l'expression que tu sais donner à tes productions, Stanislas n'eût point charmé la jolie, la charmante Hercilie. Mille grâces te soient rendues de m'avoir envoyé son portrait; elle est vraiment divine, si tu ne l'as pas flattée. On doit être fou d'une femme semblable, surtout si, comme j'en suis persuadé, elle ajoute encore à ses charmes extérieurs par ceux de l'esprit mieux cultivé. Ses lettres que tu m'as fait passer sont charmantes. Eh bien! avec tout cela je ne puis m'en occuper, une aventure de roman m'enchaîne ici. Tu as su la mort de ce vilain Représentant qui était en mission à Marseille. Eh bien! sa veuve, la cousine d'Hercilie, à qui j'ai sauvé la vie, s'est prise pour moi du plus tendre amour. Elle est belle, a *presqu'autant* d'esprit que ta jolie Ambassadrice, des talens enchanteurs, et une fortune immense. Tu vois, Dauzy, que cela vaut mieux qu'une intrigue qui durerait peut-être quelques mois. Ici j'épouse, il n'y a aucun doute. On laisse passer le grand deuil; on sacrifie à la décence les plus doux sentimens : j'en parais désespéré, et je crois l'être, ma foi! car elle me plaît, au fond, et l'attente ajoute aux désirs. Laisse donc terminer cette importante affaire. Entretiens tou-

-jours Hercilie dans ses bonnes dispositions en ma faveur: cependant, pour la tenir en haleine, dis-lui que tu ne sais ce que je suis devenu. Elle aura le temps de savoir mon sort quand sa cousine lui fera part de son mariage. Ce qui m'étonne, c'est qu'elle ne lui parle pas de moi dans ses lettres. Elle la craint peut-être. Elle aurait tort. J'ai sur cela des principes; je l'épouserai, et c'est beaucoup de terminer sa carriere à vingt-sept ans; mais en mari prudent qui ne veut pas éteindre le flambeau de l'hymen par trop de félicité, je me partagerai entre les deux cousines, et j'y mettrai tant d'adresse, que Léonide ne s'en apercevra pas. Ménages-moi donc, cher ami, les bontés de l'Ambassadrice; j'espère être à même de les mériter d'ici à deux ou trois mois. En attendant tu rirais si tu voyais comme je fais le tourtereau auprès de ma veuve. Nous sommes de véritables bergers du Lignon. Tu verras quelques jours un gros volume qui aura pour titre: *Amours de Léonide et de Stanislas.*

« Tout ici n'est pas si pastoral. La fermentation est toujours fort grande. Mon Dieu! que les hommes sont fous d'échanger une vie douce et paisible contre les horreurs de la guerre et les dissenssions politiques! Si je puis, je persuaderai à Léonide de nous mettre à l'écart, et de n'être plus que spectateurs de ces longs débats qui, si j'en juge par ce qui se passe ici, ne sont pas près de finir. Adieu, mon ami, tout à toi pour la vie.

STANISLAS DE LEWENSKY ».

Jenni connaissait l'humeur remuante de celle qui avait été sa maîtresse; elle ne concevait donc pas que Léonide restât si tranquillement à Mentiel, dont il est vrai que toutes ses lettres célébraient les sites admirables. « C'est un séjour enchanté, écrivait-elle; et depuis que les bons paysans m'aiment, j'y suis parfaitement heureuse. J'ai renoncé à mes vastes projets. Ils n'étaient nécessaires que pour me rendre supportable le joug affreux que mon amour pour ce pauvre Général m'avait imposé; mais à présent, que je suis libre et heureuse, je ne veux plus rien, que vivre entourée de mes amies, et tout occupée à réparer, autant que je le pourrai, les maux que la révolution a causés. Je compte passer l'hiver à Marseille. Je trouve charmant de n'avoir pas froid au mois de janvier. L'été est ici fort supportable à cause du voisinage de la mer, qui rafraîchit l'atmosphère. Quand la marée est haute, elle vient jusque sous les murs de mon parc, qui est immense. J'espère que l'année prochaine nous visiterons ensemble cette belle habitation. Walk trouverait encore le moyen de l'embellir en donnant à quelque partie du parc le genre anglais, rarement employé dans cette province, où l'on n'aime que les jardins tirés au cordeau ; mais nous en ferons naître le goût ». C'était en remplissant ainsi ses lettres de choses insignifiantes, qu'elle s'efforçait de cacher son secret à Jenni, pour qu'Hercilie l'ignorât. Elle connaissait assez l'humeur légère de l'Ambassadrice, pour être sûre que si elle avait su que sa cousine aimait un homme beau et charmant, elle serait aussitôt partie de Paris, ne fût-ce que par curiosité, pour venir à Menticl, où elle ne se souciait nullement de la voir. Une chose assez bizarre, c'était la persuasion où était Stanislas, que Léonide lui donnerait sa main et sa fortune ; et ils ne s'étaient encore rien dit de positif ; mais des circonstances impérieuses leur firent une loi de s'expliquer sans détour.

# CHAPITRE XLVII.

*Comme deux amans finissent toujours par s'entendre.*

L'ÉTERNELLE session de la Convention devait, malgré ceux qui la composaient, prendre fin. Paris était aussi las des députés, qu'il en avait été engoué dans les premiers momens, et voyait avec un malin plaisir l'instant où les tyrans allaient rentrer dans leurs modestes foyers. Un grand nombre avaient payé de leur vie le dangereux honneur de gouverner; mais cela n'en avait pas dégoûté les autres, et ils n'étaient occupés que des moyens de prolonger leur puissance.

Je n'entrerai point dans le détail des intrigues qui armèrent les sections contre la Convention; il serait au-dessus de mon sujet. Je dirai seulement que jamais depuis que nous étions livrés à l'esprit de vertige, il n'y avait eu plus à craindre que la guerre civile ne s'allumât. Jamais Paris ne m'a paru plus extraordinaire que pendant la matinée de ce jour qui devait faire couler le sang des citoyens par nos propres armes. On voyait s'avancer en silence vers les Tuileries de longues files d'hommes armés, traînant leurs canons, la mêche allumée, et menaçant de bloquer le lieu des séances; peut-être de le faire sauter. Cependant, jusqu'a plus de quatre heures après midi on n'avait pas brûlé une amorce. Mais des hommes payés par leur parti cherchaient à animer les troupes contre les citoyens. On séparait leurs intérêts. Il semblait qu'ils fussent étrangers les uns aux autres; que dis-je, on les avait rendu ennemis. Le gouvernement, qui sentait tout le danger de sa position, n'attendit son salut que de l'armée; mais le nombre des troupes était peu considérable. Il se présenta des hommes qui, malgré la grâce que leurs complices leur avait accordée, étaient proscrits par l'opinion, et qui profitèrent de ce moment de trouble pour reprendre le droit d'être criminels impunément. Les députés se mirent à leur tête. La Convention avait aussi de l'artillerie. On charge des canons à mitraille. Un coup de fusil part, je ne dirai point de quel côté, je crois que ce fait ne sera jamais éclairci. Alors le canon porte la mort dans les rangs des citoyens. Ceux-ci répondaient par une fusillade qui se soutint depuis quatre heures du soir jusqu'au jour. La nuit dérobait les victimes que la vengeance s'immolait. Les marches d'un temple du Dieu de paix furent ensanglantées : le danger allait toujours croissant; mais les munitions manquèrent aux citoyens, ils furent forcés de se soumettre. D'un autre côté les députés, ayant senti tout le danger qu'ils avaient couru, et qui pouvait se renouveler, prirent le parti de fabriquer, en vingt-quatre heures, une troisième constitution, dans laquelle cinq rois de théâtre, sous le titre modeste de Directeurs, devaient régir la France, secondés par deux Conseils. Paris, qui ne voulait que la dissolution de la Convention, parut satisfait. On cacha le nombre de ceux que cette nuit plongea dans la tombe : on leva des corps considérables de troupes, où s'enrôla toute cette jeunesse brillante pour marcher contre l'Italie, et y compter autant de victoires que de combats. On y joignit les corps qui étaient en garnison dans les villes méridionales, et le régiment de Lewensky devait faire partie d'une des colonnes destinées à passer les Alpes.

Si les nouvelles des troubles de la Capitale avaient inquiété Léonide, si elle avait un peu craint pour ses amis et beaucoup pour sa fortune, dont la plus grande partie consistait dans son superbe hôtel et son riche mobilier, elle eut bien un autre chagrin, quand Stanislas reçut l'ordre de se tenir prêt à partir, dès que le général en chef serait rendu à Lyon. Qu'on juge du désespoir de Léonide. « Il va partir, se disait-elle, et qui me dira s'il me conservera l'amour, que j'ai été assez heureuse pour lui inspirer. L'Italie, cette patrie de la beauté, lui offrira cent femmes plus attrayantes que moi; mais jamais, jamais d'aussi tendres.... Hélas! ce n'est pas une raison d'être plus aimée. D'un autre côté, voici le moment de forcer le Colonel à s'expliquer. S'il m'aime, il ne pourra supporter l'idée d'une aussi longue absence : il doit savoir que je ne suis pas d'humeur à faire avec lui le second tome du capitaine Lormin ; il faut qu'il demande ma main, ou que nous nous séparions sans retour ».

Stanislas, sans être éperduement amoureux de Léonide, la trouvait charmante, et était très-décidé à se ployer au joug de l'hymen, plutôt que de renoncer à sa société et surtout à sa fortune ; car ces deux êtres que leur beauté semblait destiner l'un à l'autre, avaient entre eux un rapport plus frappant encore au moral qu'au physique : tous deux avaient à un égal degré l'amour pour l'argent, le goût de la dépense, et l'envie de surpasser en magnificence tout ce qui les entourait. Lewensky calcula très-bien que, malgré toute la tendresse qu'il lisait dans les yeux de Léonide, il serait très-possible qu'aussitôt après son départ, elle trouvât parmi les hommes de sa société quelqu'un qui profitât de son absence pour se faire aimer; et alors que deviendraient tous ses projets d'opulence : car comme l'avait bien dit Dauzy, notre Polonais n'était riche que de dettes; riche est le mot :

Faut avoir du crédit pour en avoir de faites.

mais cette richesse là est fort incommode, et empêche souvent d'aller où et comme l'on veut. Stanislas, par exemple, aurait bien voulu aller à Paris voir Hercilie; mais il n'y avait pas moyen d'y penser tant que, n'étant pas maître de la fortune de Léonide, il ne pourrait en sacrifier une partie pour détruire les obstacles qui lui fermaient l'entrée de la Capitale.

Toutes ces considérations ne lui permirent pas plus long-temps de délibérer; et quoiqu'il craignît que Léonide ne fut pas décidée à perdre encore sa liberté, il ne balança pas à la prier de recevoir ses vœux.

Il se rendit donc à Mentiel plus matin qu'il n'avait coutume. Léonide sortait du bain, et la négligence de sa parure ajoutait à ses charmes. Elle ne venait que de recevoir la nouvelle du départ de son amant, et le chagrin qu'elle en ressentait donnait à sa physionomie une mélancolie qui la rendait encore plus touchante. Elle s'était assise sur un banc, fort près d'une petite rivière qui servait de clôture au parc de ce côté. Des saules pleureurs l'ombrageaient. Elle avait les yeux fixés sur le rivage. Un couplet d'une vieille chanson lui revint à l'esprit, elle l'avait entendu chanter à sa grand-mère ; le voici, mais dépouillé du charme que lui donnait la voix mélodieuse de Léonide.

## COUPLET.

Au bord d'un clair ruisseau
Une jeune bergère,
Dans sa course legere,
Regardait couler l'eau :
Ainsi passent les jours,
Dit-elle, du bel âge ;
Ah ! pour en faire usage,
Donnons-les aux amours.

« Ces jours vont passer, songeait-elle avec une sorte d'amertume; ils passeront loin de ce que j'aime, et qui sait si jamais je le reverrai ? » Elle était tellement occupée de cette pensée, qu'elle n'avait pas entendu Stanislas arriver près d'elle, en l'apercevant elle fit un cri : « Quoi ! serait-il possible, Madame, que je vous inspirasse de l'effroi ? — Vous n'êtes pas assez modeste pour le croire ; mais j'ai été surprise en vous voyant si près de moi. — Vous paraissiez rêver profondément? — Très-profondément. — Et serait-il permis de vous demander.....? — Le sujet n'est pas fort important. Je cherchais à me rappeler le couplet d'une ancienne romance, que madame de Montbrun chantait encore fort bien peu d'années avant sa mort ». Il voulut l'entendre, en trouva la finale un excellent conseil, et engagea Léonide à le suivre. « Je le désire d'autant plus que, si véritablement vous aviez de l'amour, et que je fusse assez heureux pour vous l'inspirer, je me croirais pour jamais à l'abri des atteintes du sort; mais vous n'aimez rien, et vous me verrez partir sans le moindre regret : et cependant, avant huit jours, peut-être faudra-t-il m'arracher au bonheur suprême que je goûte près de vous. Avez-vous une fois seulement, depuis que je suis menacé de ce fâcheux événement, pensé à tout ce qu'il me fera souffrir. — Vous avez,

Stanislas, une singulière manière de me juger. Comment imaginer que je vous verrai partir avec indifférence : si c'était un voyage de plaisir cela pourrait être, parce que l'absence rend l'amitié plus vive ; mais quand je songe aux dangers que vous allez courir, et dont hélas ! je n'ai déjà vu qu'un trop malheureux exemple !.... Vous êtes jeune, brave comme ce bon Toussaint ; comme lui vous avez tout ce qui peut plaire ; mais les balles, les boulets et les bombes ne respectent ni le nom ni la jeunesse, ni même la gloire personnelle ; elles anéantissent tout.—Elles ne m'approcheront point j'en suis sûr.— Personne ne le désire autant que moi ; d'ailleurs, quelle inquiétude n'aurais-je pas si vous étiez blessé ; si une autre acquérait le droit de vous donner des témoignages d'un tendre intérêt, d'adoucir vos douleurs ! — Je ne vois qu'un moyen, c'est de m'accorder un titre qui m'autorise à vous demander la grâce de venir en Italie avec moi ; ce voyage est digne de vous. Ah! daignez le faire avec moi, non comme vous m'avez raconté que voyageait madame de Verceil, mais comme mon épouse, mon amie, la compagne chérie de mon cœur »! En disant ces mots il s'était jeté aux genoux de Léonide. Il pressait sa main de ses lèvres ; on ne la retirait pas, on hésitait, on ne voulait pas se rendre sitôt. Enfin, vaincue bien plus par son amour que par tout ce que lui disait son amant, elle ne chercha plus à lui cacher son empire, seulement elle voulait qu'il se relevât. — Non, disait-il, prononcez mon bonheur ou laissez-moi mourir à vos pieds. Eh bien! oui Stanislas, oui, je suis à toi pour la vie »! Avec quelle ardeur il la serra dans ses bras ; elle eut peine à se défendre de ses transports, ils étaient si vifs qu'elle eut besoin pour y résister de se rappeler, que peu de jours suffiraient pour les légitimer. Enfin, ayant obtenu qu'il jouît de son bonheur avec plus de tranquillité, on décida que Léonide, malgré son veuvage et sa majorité (car elle venait d'avoir vingt-deux ans), ferait sur-le-champ partir un courrier, pour demander à sa mère son consentement, et faire part à sa famille de son prochain mariage avec le beau colonel Lewensky.

## CHAPITRE LVIII.

*Apprêts d'un troisième hyménée. — Diverses sensations qu'il fait naître dans la famille.*

Rien ne pouvait faire autant de plaisir à madame de Mansville, que d'apprendre qu'enfin sa fille allait quitter le nom du marquis de ***, pour prendre celui d'un homme dont elle connaissait la haute noblesse, ayant eu autrefois des relations assez intimes avec la princesse Sapeia et le comte Raz, pendant leur séjour en France. Quelque temps avant la naissance de Léonide, cette princesse lui parlait des différentes maisons de Pologne les plus anciennes, parmi lesquelles la princesse Sapeia comptait comme une des plus illustres celle de Lewensky. Cette raison seule suffit pour que la Comtesse trouvât que sa fille ne pouvait faire un mariage plus avantageux. Elle lui donna son consentement avec une grande joie, regrettant que l'âge et l'éloignement ne lui permissent pas d'être témoin de cette union si bien assortie. « Mais, ajouta-t-elle, mon fils, qui partira en même temps que votre courrier, vous dira, ainsi qu'a votre futur mari, tout ce que j'éprouve de contentement de cette nouvelle. Votre frère vous accompagnera en Italie, depuis long-temps il désire de voir ce beau pays; il espère, par ce moyen, échapper à leur odieuse réquisition, qui frappe également et *la canaille*, et les gens comme il faut. J'ai fait part à nos parens, écrivait-elle encore, d'un mariage qui remplit si bien mes vues; ils en sont *tous* aussi enchantés que votre heureuse mère ».

Ce mot *tous* était un peu hasardé; mais la bonne Célestine n'y regardait pas de si près; et pouvait-elle se douter qu'il existât quelque rivalité entre deux cousines aussi parfaitement unies que l'étaient sa fille et la coquette Hercilie? Celle-ci ne put apprendre ce mariage sans éprouver un très-grand chagrin. « Convenez, disait-elle à Dauzy, à qui elle avait enfin appris le secret de son cœur, qu'il faut être bien malheureuse pour rencontrer un semblable hasard. Un pareil malheur ne pouvait arriver qu'à moi. Je suis frappée, entraînée par l'image d'un homme dont vous me dites que les qualités aimables sont encore bien plus attachantes; je m'enivre du charme d'un sentiment que je n'avais pas encore éprouvé. Je m'y livre avec d'autant plus de sécurité, que ce sentiment, aussi pur que mon cœur, n'avait rien qui pût blesser la vertu; j'aimais, mais j'aimais seule et je n'avais point à craindre la séduction. Cependant qui peut ne pas désirer de voir l'objet qui occupe toutes les facultés de l'âme ? J'attendais mon vainqueur ; je voulais qu'il fut mon ami comme il était le vôtre. Je savais bien, qu'unie à M. de Poligny par des liens indissolubles aux yeux de l'honneur et de la religion, je ne pouvais jamais être à M. de Lewensky; mais je l'avoue, je voulais aussi qu'il ne fût à personne; que peu à peu il se formât entre nous une société qui réalisât l'idée que je me suis faite de l'amour platonique ; idée si délicieuse, si fortunée, que les mortels grossiers la traitent de chimère. Depuis six mois je nourrissais cette illusion que l'arrivée de M. de Poligny n'avait point détruite ; car n'ayant jamais voulu man-

2 \*

quer à mes devoirs envers lui, je ne pouvais être affligée par le retour d'un époux que j'honore, que je n'aime point, et auquel je ne manquerai jamais. Hélas! il ne me sera pas même donné de jouir de l'union des âmes avec votre ami, uni à ma cousine. Il l'aimera, ne vivra que pour elle. Il lui devra sa fortune, son bonheur. Ah! cette seule pensée me désole! » Elle avait prononcé ce discours avec une telle véhémence, que Dauzy n'avait pu l'interrompre. Elle s'arrêta enfin et se mit à pleurer. Dauzy, qui la trouvait charmante, prit une grande part au chagrin de sa jolie amie.

Il la supplia de se calmer, l'assura que Lewensky ne pourrait être insensible au sentiment qu'il avait eu le bonheur de lui inspirer; qu'ayant avec elle des liens de parenté par son mariage, il serait tout simple qu'ils se vissent avec une douce familiarité, dont madame de Lewensky et M. de Poligny ne pourraient s'offenser, puisque le sentiment qui l'unirait à elle serait conforme à la plus sévère vertu. « Ah! quelle différence si Lewensky était libre! Non, je ne me consolerai jamais de n'être pas partie avec ma cousine. Hélas! je suis restée à Paris pour attendre Stanislas, et il était à Marseille! Voilà, je le répète, de ces coups qui ne frappent que moi ».

Dauzy employa tous ses soins pour la calmer; il savait bien qu'avec le temps il se formerait entre elle et Lewensky telle union qu'il plairait à ce dernier, sentimentale, platonique ou non, cela serait bien égal au Polonais, dont il connaissait les principes; mais il ne voulait pas ôter à l'Ambassadrice le plaisir de la surprise, lorsqu'elle trouverait Stanislas de si bon accord. D'ailleurs, il pensait que le temps quelle passerait à se tourmenter sur ce prétendu malheur, tournerait encore au profit de l'amour; sentiment qu'un raisonneur profond a défini *une forte préoccupation en faveur d'un objet au détriment de tous les autres.*

Il la voyait toujours désolée, et l'engagea néanmoins à ne pas laisser paraître sa douleur, car on en chercherait la cause; ce qui ne serait pas fort agréable à M. de Poligny, et pas plus à Sterville, qui avait la sottise de se croire aimé, et de penser qu'il ne devait qu'à la vertu les rigueurs de sa belle.

« Vous le savez, Madame, ajoutait-il, rien n'est si vindicatif que l'orgueil blessé. Si le poete se doute que vous en aimez un autre, et que cet autre est Lewensky, il ne se possédera pas de colère; et qui sait si sa muse indiscrète ne publiera pas vos amours avec le pauvre Colonel, qui ne s'en doute pas? — Il est vrai, reprit Hercilie, que mon sort est bien bizarre; j'ai tout à la fois un mari si respectable, que, sans avoir encore atteint la vieillesse (il s'en faut), sa gravité effarouche les amours. Mon amant, car c'est pour le public absolument la même chose, est si discret, si réservé, si respectueux, qu'en vérité il est impossible de savoir jusqu'à quel point il porte la circonspection ; et ils s'avisent tous deux d'être d'une jalousie atroce. Ainsi, jugez, mon cher Dauzy, si j'étais femme à oublier mes principes, comment pourrais-je leur dérober un rendez-vous ? La seule idée m'en fait frémir..... — Vous devez donc être enchantée que le Ciel, en mariant le beau Colonel, vous ait enlevé la liberté d'aimer Stanislas : car quelle est la femme assez peu délicate pour aimer l'époux d'une autre ; par aimer vous entendez ce que je veux dire ; surtout si cette femme est sa proche parente : en vérité c'est trop heureux ! Madame de Poligny ne voyant pas en quoi consistait ce bonheur, laissa dire le peintre, et n'en continua pas moins à déplorer son sort. Elle sollicita vivement l'Ambassadeur pour en obtenir la permission d'accompagner Ponce à Marseille; il fut inflexible sur ce point. Dauzy ne manqua pas d'apprendre à Lewensky à quel point l'amour s'empressait de le rendre heureux.

Le Colonel reçut ces nouvelles avec assez d'indifférence. Il était à la veille de se marier. Léonide le charmait, et il aurait presque juré de lui être fidèle. Cependant il remercia son ami de son zèle; et n'osa se vanter à lui qu'il était amoureux de celle qui enfin avait fixé son bonheur à trois jours.

# CHAPITRE LXIX.

*La grande affaire se conclut.*

Ponce, enchanté de revoir sa sœur, l'unique objet de ses affections, préparait son départ; il emportait le consentement de la Comtesse, et des lettres de félicitations de tous les parens, particulièrement d'Hercilie, qui demandait à sa cousine les plus grands détails sur le Colonel. « Fais-moi connaître, lui écrivait-elle, l'humeur, les goûts de M. de Lewensky; ne me cache rien, ma chère Léonide, penses que ton bonheur est le mien; que tu es, après M. de Poligny, ce que j'aime le plus au monde; car enfin, je puis à présent, sans craindre de te paraître ridicule, te dire que depuis le retour de M. de Poligny, il a été si aimable avec moi, que mon cœur est présentement tout à lui. Sterville en est d'une jalousie qui te ferait mourir de rire. Mon mari, malgré la gravité de son caractère, s'en amuse. C'est réellement une chose unique. Je lui dis quelquefois : « De quoi vous plaignez-vous, mon cher Sterville ? n'êtes-vous pas l'amant de mon âme ; est-ce donc la même chose qu'un mari, et ne puis-je aimer M. de Poligny sans vous faire tort » ? Il prétend alors que l'Ambassadeur empiète sur ses droits ; que j'ai un plaisir réel à causer avec M. de Poligny ; que je fais l'éloge de ses rares qualités ; que tout cela tient à l'âme, et est autant de pris sur son domaine : je me moque de lui, il boude, et est deux jours sans venir. Et puis il ne peut plus y tenir ; il vient, les poches pleines d'élégies, de sermens de ne plus me revoir ; je fais semblant de me fâcher à mon tour. Il me demande pardon ; mais se garde bien de demander que ce pardon soit scellé seulement d'un baiser... Ah ! le singulier homme que ce Sterville ! J'ai aussi, ajoutait-elle, un peintre Polonais, qui connaît M. de Lewensky ; mais celui-là est un homme d'un vrai mérite, c'est un ami précieux ; il peint comme un ange : c'est Sterville qui m'a fait faire connaissance avec lui ; et puis ce qui fait qu'il me convient infiniment, c'est qu'il a cinquante ans, et est d'une laideur remarquable : aussi personne n'en parle. Il est souvent, très-souvent chez moi ; il m'a fait des tableaux charmans pour décorer mon boudoir : quand tu reviendras d'Italie nous dessinerons avec lui ; j'ai pris pour cet art un goût extrême. Enfin, ma chère, tu ne me reconnaîtras pas. Reviens donc bien vite, ma Léonide;

que je jouisse du bonheur de te revoir, et de faire connaissance avec M. de Lewensky. Adieu, toute à toi.

Paris le 15 brumaire, an 4.

Hercilie de Lorgiac. »

Ponce se hâta de partir, car on parlait d'une levée, et il ne se souciait nullement d'en être. Léonide le revit avec un sensible plaisir ; elle l'avait toujours aimé, et l'amour fraternel ne pouvait perdre ses droits sur elle, au moment où son cœur était ouvert à un sentiment tendre et vertueux. Aussi Léonide s'empressa de présenter Ponce à son époux. Celui-ci le reçut très-affectueusement, et lui demanda de lui tenir lieu du frère qu'il avait perdu en Pologne. Ponce l'assura que, le voyant disposé à faire le bonheur de sa sœur, il pouvait compter sur une affection sans bornes de sa pait. On convint qu'afin d'éviter à l'ami Ponce le désagrément de se battre pour une cause qu'il n'aimait pas, il serait sensé secrétaire du Colonel.

Le consentement de madame de Mansville arrivé, rien ne pouvait retarder le bonheur de Lewensky. Le mariage devait se célébrer à Mentiel. La beauté de se séjour ajouterait encore aux charmes de cette solennité, où le cœur de Léonide devait goûter les derniers momens d'un bonheur sans mélange. Elle était encore d'une beauté remarquable ; l'éclat du teint d'Hercilie et l'extrême vivacité de ses yeux eussent pu seuls affaiblir l'effet des charmes de Léonide. Mais environnée de femmes moins jeunes, moins jolies, et surtout n'ayant point ces grâces nobles et aisées, dont les seules Parisiennes sont pourvues, elle l'emporta sur toutes celles qui pouvaient prétendre à rivaliser avec elle. La cérémonie fut solennelle, et l'affluence si grande, qu'on eût dit que c'était une fille des rois d'Arles qui s'unissait à quelque souverain d'Italie.

## CHAPITRE LX.

*Premier revers.— La belle seigneurie de Mentiel est engloutie.*

AH! qui peindra l'ivresse qu'éprouva notre héroïne, en se voyant enfin à l'être charmant à qui elle venait de confier le soit de sa vie : elle croyait qu'un rêve l'abusait. Deux fois soumise à l'hymen, elle n'avait jamais cédé au choix de son cœur. Bloc l'avait obtenue en conquérant; ses excellentes qualités, la vivacité de son amour pour elle l'avaient attachée à lui par les liens d'une tendre amitié qu'elle prenait pour de l'amour, parce qu'elle n'en avait jamais ressenti les douces atteintes. Quel douloureux contraste, quand elle se vit unie à celui qu'elle haissait, et à qui elle ne pouvait s'empêcher de reprocher la mort d'un époux si cher! Ainsi l'hymen avait été pour elle d'abord une chaîne douce, puis un joug insupportable. Mais dans les bras de Stanislas elle goûtait toutes les délices d'un sentiment vivement partagé; car à cet instant Lewensky, possesseur de la plus belle femme qu'on pût imaginer, éprouvait un délire qu'à son tour il croyait être de l'amour. Il forma même, pendant cette heureuse nuit, le projet d'être fidèle à sa femme jusqu'à son retour à Paris; car il n'avait pas une assez haute idée des devoirs de l'hymen, pour faire le sacrifice du bonheur qu'il se proposait dans une union mystérieuse avec la petite Ambassadrice; et, de son côté, Léonide était bien loin de s'attendre à trouver une rivale dans cette cousine, qui lui témoignait une affection si vive et si désintéressée.

L'air noble de Lewensky, et sa physionomie distinguée faisait envier à toutes les femmes le sort de son heureuse compagne. Un repas magnifique, et tous les divertissemens que l'usage semble destiner à étourdir les époux sur leurs engagemens, prolongèrent la journée; mais Lewensky, ardent à se saisir de ses droits, enleva Léonide à tout ce qui l'entourait, et l'entraîna dans l'appartement préparé pour les mystères de l'amour.

Il ne manquait au bonheur de madame de Lewensky que d'en rendre témoins sa famille et ses amis; trompée par la lettre affectueuse d'Hercilie, elle croyait que, fatiguée des honteux manéges de la coquetterie, sa cousine était devenue une femme tendre et raisonnable; elle se reprocha de l'avoir cru capable de chercher à lui enlever Lewensky, et elle lui répondit avec toute l'effusion d'un cœur qui aime passionnément; car c'était ainsi qu'elle aimait son nouvel époux. Quant au Colonel, il eut toutes les peines du monde à ne pas sourire en lisant la lettre de madame de Poligny. Il en avait reçu une le matin de Dauzy, qui l'assurait que la sémillante Hercilie était au désespoir de son mariage, et lui rapportait tout ce que cette folle lui avait dit à ce sujet. Il était bien déterminé, comme nous venons de le dire, à en tirer parti dans un temps ou dans un autre; mais dans cet instant il n'était occupé que de ses équipages, et surtout de les faire payer à sa femme.

Le temps était arrivé où Léonide, qui avait trouvé le moyen jusqu'alors d'augmenter sa fortune par ses intrigues, allait la voir diminuer chaque jour par les folles dépenses du Colonel. Le lecteur sait combien elle était naturellement intéressée; mais emportée par sa passion pour Stanislas, elle ne comptait pour rien les plus grands sacrifices ; qu'on ne s'étonne donc pas quand on la verra complètement ruinée! Mais gardons-nous d'anticiper sur les événemens.

Peu de jours après le mariage de madame de Lewensky, on apprit que le Général en chef s'apprêtait à quitter Lyon, et qu'on ne devait pas perdre un moment pour s'y rendre; mais comme je l'ai dit, il fallait un équipage, et il le fallait magnifique; de plus, de l'argent pour se soutenir en Italie, sans qu'il fût nécessaire de conserver avec la France des relations directes, que les événemens de la guerre pouvaient rendre difficiles. Stanislas engagea donc sa femme à faire un emprunt sur sa terre de Mentiel. Les conditions en devaient être onéreuses, parce qu'à cette époque on n'avait pas encore grande confiance dans ces sortes de biens. Cependant Léonide ne balança pas, trop heureuse de procurer à son époux des jouissances nouvelles ! Car Lewensky n'avait point encore connu le plaisir d'être en tout plus brillant que ses camarades. Il eut les plus beaux chevaux, les voitures les plus élégantes, le domestique le plus nombreux ; et déjà l'ingrat commençait à aimer la fortune de Léonide plus que Léonide elle-même. Nos voyageurs partirent, emportant quatre-vingts mille francs pour la dépense qu'ils feraient pendant leur séjour en Italie.

On arrive à Lyon, que Léonide ne peut revoir sans trouble ; elle se rappelle que c'est dans cette ville qu'elle a rencontré celui qui a causé tous ses malheurs. Tous !... D'autres l'y attendaient encore dans ce funeste voyage. Madame de Lewensky avait été invitée par M. le Général en chef, à un fort grand souper, qu'il donnait aux autorités et à son état-major. Elle fut placée près de lui, et ses charmes ne manquèrent point leur effet sur le cœur du guerrier. On sait que Léonide avait toujours eu le plus profond respect pour les liens qu'elle s'était imposés, même avec un Scipion; que l'on juge combien lui étaient sacrés les nœuds qui l'unissaient à l'ami de son cœur ! Aussi tourna-t-elle en plaisanterie tout ce que le Général put lui dire. Le souper fini, on fit venir la musique du régiment de Lewensky et l'on dansa. On jouait un jeu d'enfer dans la pièce voisine. Stanislas, qui n'aimait pas la danse, voulut participer à ce dangereux amusement : il paria quelques pièces d'or; il les perdit; il s'entêta, et avant la fin de la nuit, il devait cent quatre-vingts mille livres sur sa parole. Il envoya chercher et donna les quatre-vingts mille francs qu'il avait chez lui, et promit d'acquitter le reste dans les vingt-quatre heures.

Léonide, environnée de la plus brillante jeunesse, qui ne savait comment lui exprimer l'admiration qu'elle inspirait à tout ce qui la voyait; fière de ses succès et de sa fortune, surtout d'avoir pour époux le beau, l'aimable Lewensky, l'attendait pour se retirer avec lui avant la fin du bal. Ne le voyant pas dans la galerie où l'on dansait encore, elle passa dans le salon des joueurs. Elle aperçut Lewensky pâle, l'air accablé, et surtout embarrassé en la voyant. Elle se douta aussitôt qu'il avait, suivant toute apparence, perdu une fort grosse somme, puisqu'il en était si affecté; elle était loin d'imaginer que c'était non seulement la totalité de celle qu'ils devaient emporter au-delà des Alpes, mais, de plus, cent mille francs qu'ils n'avaient pas. Elle s'approche de lui et cherche, par des regards où se peignait l'amour le plus tendre, de le tirer de l'abattement où il paraissait plongé, mais il détournait la vue: il se sentait coupable, et son orgueil souffrait d'être forcé de convenir d'un tort aussi grave. « Il me paraît, mon cher, lui dit-elle, que la fortune vous a maltraité. — Fort mal. — Combien perdez-vous ? — Tout ce que j'avais. — Tout ce que vous aviez... sur vous ? c'est un malheur; mais il n'est pas irréparable ». Il n'eut pas le courage de dire jusqu'à quel point la tête lui avait tourné: voyant qu'elle se disposait à partir, il lui donna le bras pour gagner sa voiture. Quand ils y furent montés, Léonide, que la tristesse de Stanislas inquiétait, lui demanda : « Combien avez-vous apporté chez le Général ? — Trois cents louis. — C'est beaucoup; mais enfin ce n'est pas une perte énorme ». Lewensky soupira et feignit de dormir, pour ne rien dire de plus. Léonide trouva que c'était dormir mal à propos. Elle se tut néanmoins, et arriva d'assez mauvaise humeur. Ponce s'était retiré à deux heures, sans vouloir jouer. Stanislas regrettait bien de n'en avoir pas fait autant; car il n'avait pas de passion pour le jeu; il avait figuré autour du maudit tapis, plutôt par air que par goût. Madame de Lewensky renvoya ses femmes dès qu'elle fut déshabillée, et le Colonel lui souhaita le bon soir, qu'on eut pu appeler le bon jour, car il était six heures du matin, alluma son bougeoir et passa dans son appartement. Léonide, frappée du plus grand étonnement, mais trop fière de ses charmes pour mendier un hommage qu'on ne leur accordait pas, n'en fut pas moins très-offensée. Cependant, comme elle tombait de fatigue, elle se coucha et dormit; mais à son réveil, quand elle rassembla toutes les circonstances de la conduite de Stanislas, elle ne douta pas que son mari n'eût fait une perte si considérable qu'il n'osait en convenir; et ayant sonné ses femmes, elle fit prier son frère, qu'elle pensait bien être levé, de venir dans sa chambre. Elle lui raconta tout ce qui s'était passé entre elle et son mari, et la pria de s'informer de la somme à laquelle se montait la perte que M. de Lewensky avait faite.

Ponce revint peu d'instans après, et dit qu'on lui avait vu compter 80,000 fr. et qu'il en avait perdu 180,000. « O mon Dieu, dit Léonide, s'il est joueur, je suis anéantie ». Et elle eut une attaque de nerfs si terrible, que Ponce avait bien du regret de l'avoir si exactement instruite du malheur de son époux.

Léonide, après ce premier instant, jugea que c'était un mal sans remède, mais qu'il fallait qu'elle en tirât le meilleur parti possible, pour accroître la tendresse de son époux et tout l'empire qu'elle voulait avoir sur lui. Elle passe donc une robe de percale, rattache ses beaux cheveux avec un ruban, et s'enveloppant dans un cachemire, car c'est elle qui la première en a porté en France, elle entre dans la chambre de son mari.

Le malheureux ne s'était point couché : la tête appuyée dans sa main, il était penché sur une table, abîmé dans ses réflexions, car il ne savait pas comment apprendre cette fatale imprudence à madame de Lewensky. Il ne possède rien, comment payer cent mille francs ; comment retrouver l'argent nécessaire pour entrer en campagne, et faire tenir à madame de Lewensky un état analogue à son rang, dans les villes d'Italie où ils séjourneraient ? Il ne voyait aucuns moyens ; et déjà il formait le projet de repasser en Pologne: mais il aimait encore Léonide, il désirait de connaître Hercilie. Que fera-t-il donc ?

il a commencé vingt lettres à sa femme, il les a dechirées. Le parquet est jonché des nombreux débris de ces productions, dont aucune n'a été par son auteur jugée digne d'être envoyée à son adresse.

Léonide, en entrant dans la chambre de son mari, comprit facilement quelle avait été son occupation pendant la nuit. « Eh! quoi, lui dit-elle, avec un son de voix enchanteur, et qui n'en fit pas moins tressaillir Stanislas, vous avez donc bien peu d'amour pour moi, mon ami, et surtout bien peu de confiance dans ma tendresse? Pouvez-vous penser que je ne saurai pas supporter une perte, il est vrai assez considérable, mais qui ne me fait d'autre peine que de me priver momentanément du plaisir de vous procurer tout ce qui fait le charme de la vie? — Quoi! serait-il possible, mon amie, que vous me pardonnassiez cette fâcheuse imprudence?—Non-seulement je la pardonne, si toutefois vous voulez appeler ainsi l'indifférence que je dois mettre à tout ce qui ne m'enlève pas votre amour ; mais j'ajouterai, cher Lewensky , que j'aime mieux payer 200,000 francs, que de perdre un seul instant la certitude d'être aimée. Cessez donc, mon ami, de vous troubler. — Il faut trouver aujourd'hui les 100,000 fr. — Nous pouvons encore emprunter sur Mentiel, et si cela n'était pas possible, je le vendrais : ne vaut-il pas mieux perdre un bien qui, dans le fait, se trouve à une trop grande distance de Paris, que de vous rendre malade ? Ta tranquillité, ton bonheur, voilà les biens que je préfere à tout!!! ».

Stanislas, pénétré de la générosité de sa femme, se jette à ses genoux. Léonide le relève, le serre contre son cœur, et ne voit dans cet événement que le bonheur de prouver à son époux à quel point il lui est cher. Elle s'occupe aussitôt de chercher la somme qu'il devait. Mais dans un délai aussi court, comment trouver tant d'argent sur une terre déjà grevée ? il fallait donc se résoudre à la démembrer, et à donner une valeur de plus de deux cent cinquante mille francs, en bois seulement, pour les cinquante mille écus qui étaient nécessaires pour payer et faire la route. Tout fut terminé dans la matinée, et la parole du Colonel dégagée : peu importait le reste à Léonide. Le beau Lewensky reprit sa gaieté, son air de triomphe, et par les plus doux transports, paya à sa tendre moitié les énormes sacrifices qu'elle venait de lui faire.

Ponce ne les apprit pas sans chagrin, il en instruisit sa mère ; celle-ci en fit part à Hercilie qui, jugeant que de tels procédés devaient attacher Lewensky à sa femme, en ressentit un très-vif chagrin. Dauzy, qui connaissait mieux les hommes qu'elle, la consola. « J'en suis fâché pour mon sexe, disait-il, mais nous nous piquons rarement de reconnaissance envers le vôtre; et se ruiner pour un homme n'est pas le bon moyen de s'assurer à jamais la possession de son cœur. Au contraire, c'est souvent la méthode la plus sûre pour le perdre. Il existe des hommes assez injustes pour accuser de manque d'ordre, celles qui ne s'étaient appauvries que pour eux. Soyez sûre que je connais bien Levensky; il cessera d'aimer sa femme, dès qu'il ne la trouvera plus environnée de tout ce qui flatte sa vanité ». Hercilie crut ce que lui disait Dauzy, et attendit avec toute la bonté de son âme que le Ciel versât sur sa cousine tous les maux qu'elle lui souhaitait dans le fond de son cœur.

## CHAPITRE LXI.

*Lormin dans son ménage.—Jalousie du Colonel.—Mort de deux personnages intéressans.*

LÉONIDE partit avec son mari, et arriva à Turin; elle étala dans cette ville un luxe qui formait un contraste frappant avec la simplicité de la cour de Sardaigne, dont la véritable grandeur n'avait pas besoin d'emprunter un faux éclat. Je ne placerai point ici l'éloge de l'Ange qui partageait le trône. Ce n'est pas dans une production mensongère qu'on peut se permettre de nommer celle dont les louanges furent vraies comme elle. Je dirai seulement que, si les Richardson, les Prevôt, les Ricoboni avaient voulu tracer un caractère parfait, ils n'auraient pu en trouver un plus digne de la vénération des hommes que celui de cette Princesse, dont nous voyons enfin ici la vivante image. Mais où m'emporte mon amour pour le sang de nos légitimes Souverains ? J'oublie que je m'éloigne trop de mon sujet ; revenons à Léonide.

Malgré le faste qui l'environnait, et les plaisirs qu'elle paraissait chercher avec une sorte de fureur, elle languissait loin de son époux qui avait suivi l'armée, et moissonnait avec nos braves des lauriers dont il faisait hommage à Léonide. Il revint brûlant d'amour et couronné par la victoire. Il avait remporté un avantage considérable qui avait décidé du sort d'une bataille que les Français gagnèrent complètement, comme toutes celles que nous donnâmes alors en Italie.

Madame de Lewensky, de concert

avec son mari, prit la route de Milan. Comme elle arrivait à Pavie, elle se ressouvint que la marquise de Verceil lui avait écrit qu'elle s'était fixée dans cette ville; elle se fit conduire chez elle : « Ah ! mon Dieu, s'écria cette dame, qui jamais eût pu, ma chère Léonide, compter sur le plaisir de vous recevoir en ces lieux ? J'en éprouve une joie que je ne sais comment vous exprimer ». Voyant alors les yeux de son amie s'arrêter avec une sorte de compassion sur son ameublement, qui était en effet d'une extrême simplicité : « Vous me trouvez bien pauvrement logée, ajouta-t-elle; mais je ne céderais pas ma maisonnette pour le plus beau palais. Je suis ici parfaitement heureuse ». Comme elle parlait, un petit enfant, qui pouvait à peine avoir dix-huit mois, vint se jeter dans les bras de Natalie, qu'il appelait sa maman. — « Quoi, ma chère, vous êtes mère ! —

Mon Dieu, oui. M. de Verceil est mort peu de temps après celui où nous fûmes à la chaumière Lormin et moi ; il me pressait d'accepter sa main et sa modique fortune. J'y consentis à condition qu'il quitterait le service, et que nous ne rentrerions jamais en France. Il ne demanda pas mieux. Il envoya sa démission. Il avait douze mille francs. Je vendis mes bijoux et mes diamans, qui en produisirent à peu près autant ; nous vînmes dans cette ville qui nous plût, et nous formâmes la résolution de ne la jamais quitter. Nous nous sommes faits naturaliser. Nous nous sommes mariés très-religieusement. Mon mari cultive un très-grand jardin qui tient à la maison. Je surveille une servante qui soigne la cuisine et la basse-cour. Au bout de neuf mois je suis accouchée de cet enfant, que j'ai nourri. Nous sommes heureux au-delà de tout ce que l'on peut imaginer ». En disant cela elle tenait son fils dans ses bras ; elle le baisait avec une tendresse qui étonnait Léonide. Elle cherchait la marquise de Verceil et ne la trouvait plus. Mise comme une petite bourgeoise, il n'y avait plus nulle trace de cette élégance qui la distinguait parmi les femmes les plus agréables. Madame Lormin voyait bien que sa jolie compagne n'enviait pas son bonheur, et qu'elle désapprouvait le parti qu'elle avait pris. Cependant elle l'engagea à dîner, ce que madame de Lewensky accepta plus par curiosité que par affection. Lormin revint, car il était absent quand Léonide était arrivée. Le bon colonel Lormin, toujours soldat, toujours bon homme, eut beaucoup de plaisir à la revoir. Elle avait précisément ce jour-là les boucles d'oreille de Jenni, et on se rappelle de quelle manière Léonide les avait eues; mais Lormin n'y put pas seulement garde.

En attendant le dîner, que Natalie préparait en grande partie, Lormin apprit de madame de Lewensky les détails de son mariage avec Stanislas. Elle lui en demanda de l'intérieur de son ménage. « Je suis très-heureux, dit-il, Natalie a renoncé aux grands airs. Elle est bonne épouse, bonne mère. Je sais bien ce qu'on peut dire, mais je n'en suis pas moins heureux. Un peu plus de fortune me serait nécessaire, mais je n'en ai pas l'espérance. Mon fils fera comme moi, il se tirera d'affaire ».

Natalie rentra, on servit : au dessert Léonide détacha ses boucles d'oreilles, et pria madame de Verceil de les accepter, menaçant, en cas de refus, de ne la revoir de sa vie. Madame Lormin, après bien des difficultés, consentit à les prendre, sous la condition qu'elle ne serait pas obligée de les garder. « C'est bien mon intention, reprit Léonide, que vous les changiez contre des valeurs qui puissent ajouter à votre bien-être. Eh bien! dit encore Natalie, chargez-vous, Léonide, de les faire vendre à Milan, où vous allez ». Léonide le promit, embrassa M. de Lormin et le bambin, admira le courage de Natalie, et se promit bien de ne jamais l'imiter. Arrivée à Milan, elle vendit les boucles trente mille francs, qu'elle leur envoya; cette somme ajouta à la petite fortune de Lormin, le rendit parfaitement heureux, ainsi que sa famille, et jamais Natalie ne connut le regret.

Après s'être occupée des intérêts de madame Lormin, Léonide se livra à la société, où elle fit de nouvelles conquêtes. Le marquis de Rosetti la trouva charmante, osa le lui dire. Malgré son amour pour son mari, elle ne put se défendre d'éprouver un mouvement de vanité en voyant s'attacher à son char un des plus beaux hommes de l'Italie. Lewensky, instruit par un rival des soins que celui-ci rendait à sa femme, en conçut une vive inquiétude; il obtint un congé, et parut a Milan au moment où on le croyait sur le bord du Tain; Léonide, qui ne s'était fait qu'un amusement de la passion du Milanais, ressentit un plaisir extrême quand on vint lui dire que le Colonel arrivait; elle courut au-devant de lui, mais il la repoussa, et lui demanda s'il y avait long-temps qu'elle avait vu le marquis de Rosetti. Léonide, frappée de cet accueil, et plus encore de cette singulière question, ne répondit point à son époux; elle lui demanda seulement par quelle faveur il avait obtenu la permission de la rejoindre. « Répondez avant tout, Madame, à ce que je vous demande; je pourrai ensuite satisfaire votre curiosité. — Et quel intérêt avez-vous donc de savoir si j'ai vu le Marquis? — Le plus grand intérêt, Madame : je veux savoir où il est; car enfin, puisque vous m'y forcez, je viens pour me couper la gorge avec lui ». Léonide, surprise au dernier point, et ne mettant qu'un faible intérêt au Milanais, n'en demanda pas avec moins d'instance à Lewensky quelle raison il pouvait avoir d'être irrité contre ce pauvre Marquis, qui était le meilleur enfant du monde. — « Quelle raison! je vous le demande à vous-même, femme perfide. — Mais vous êtes fou, mon cher. Quoi! c'est la jalousie et non l'amour qui vous fait quitter l'armée; en vérité je ne croyais pas... Comme c'est une maladie dont on ne guérit point, pour vous prouver que rien n'est plus absurde que vos préventions contre M. de Rosetti, je vais partir sur-le-champ pour Paris, où d'ailleurs mes affaires m'appellent. — Je suis loin, Léonide, d'exiger... — Vous n'exigez rien, je le sais ; vous ne parlez seulement que d'exposer votre vie, qui m'est bien plus chère que la mienne, pour je ne sais quelle vision qui vous a passé dans l'esprit ». Lewensky hésitait s'il accepterait ou non ce que sa femme lui offrait, et qui était une réponse aux propos que l'on osait tenir ; d'un autre côté, l'exposer à repasser seule en France, au travers d'un pays couvert de troupes. Il chercha donc à entrer en explication. Léonide, blessée au cœur par ce manque de confiance, ne voulut rien entendre, et dit qu'elle ne mettait de temps entre ce moment et celui de son départ, que celui nécessaire pour faire faire ses malles, et sans rien plus entendre, elle sonna, et donna ordre que tout fut prêt pour prendre la route de France dans trois heures. Ses gens, accoutumés à obéir au premier mot, se hâtèrent d'accomplir cet ordre avec joie. Ils étaient français, et revoir Paris était leur plus cher désir.

Stanislas voulait aller faire viser son congé à l'état-major de la place : « Cela n'est pas pressé, dit-elle, dans trois heures je sortirai de Milan, et je ne veux pas que jusque-là vous me quittiez un instant, afin que vous soyez bien certain que je n'avais aucun intérêt à faire mes adieux à personne, pas même au beau marquis de Rosetti.—En vérité, Léonide, vous me désolez ; je n'ai point dit... — Il est certain que vous êtes venu dans une situation si calme. — J'ai eu tort, j'en conviens ; je saurai le réparer ». Et en disant cela, il serrait Léonide dans ses bras, il la couvrait de baisers brûlans. Madame de Lewensky se sentait entraînée vers lui ; elle avait peine à se défendre : c'était son époux qui lui demandait avec la plus tendre instance ce que l'hymen lui accordait ; mais elle avait été mortellement blessée des soupçons de son mari, le mot *perfide* frappait encore son oreille ; elle voulait se venger, et en même temps prendre des précautions qui lui paraissaient utiles à son repos. Écoutons-la s'expliquer elle-même :

« Non Monsieur, non, ce n'est pas après trois mois d'absence, et ne devant être ensemble que trois heures, que je puis m'exposer à devenir mère. Que d'accidens peuvent avancer le terme d'une grossesse ! et alors que diriez-vous » ? Stanislas protesta que jamais ses soupçons n'avaient été jusque-là ; qu'il avait craint seulement d'être moins aimé. Léonide fut inexorable, et pour finir ce débat, dont elle aurait pu ne pas sortir victorieuse, elle se leva sous prétexte de présider elle-même à l'arran-

-gement de ses parures, dont ses femmes s'occupaient. Elle remit à son époux les sommes qui lui restaient, n'en gardant que ce qui était nécessaire pour arriver en France, où elle en trouverait d'autres.

Ponce, qui avait été moins vite que le Général, parce que celui-ci lui avait laissé sa voiture à quelques postes de Milan, et était venu à franc étrier, Ponce, dis-je, entra chez sa sœur. — Viens-tu aussi, lui dit-elle, pour tuer ce pauvre Rosetti.— Ah ! Madame, je vous en conjure, ne parlons plus de cela.—Qu'est-ce à dire : tuer M. de Rosetti, voilà la première fois que je l'entends nommer. — Je t'expliquerai cette énigme en route, car j'espère que le Colonel va te donner une mission pour m'accompagner en France.—Vous allez en France, Léonide?—Oui, mon frère. — Et quoi faire ? — Fuir un objet trop

*Tome IV.* 4

redoutable pour le repos de ce que j'aime. — Allons, vous êtes fous. — Ce n'est pas moi. — Eh bien ! puisque vous le voulez, Madame, c'est moi qui le suis ; mais pouvez-vous m'en savoir mauvais gré ? non, vous ne connaissez-pas les tourmens de la jalousie, vous aimez tranquillement. — Je ne crois pas que l'on puisse m'en accuser ; mais les explications sont inutiles ; nous partons mon frère et moi, et j'espère que vous n'êtes pas jaloux d'un tel compagnon de voyage ». Ponce craignait en rentrant en France d'être forcé de faire la guerre. Stanislas l'assura qu'il n'avait rien à redouter de ce côté, et lui expédia ses ordres.

On vint avertir que les chevaux étaient prêts. Léonide embrassa tendrement son mari; et quoiqu'il fît de nouveaux efforts pour la retenir, elle s'échappa de ses bras et monta dans sa voiture avec son frère et ses femmes, n'ayant voulu prendre qu'un seul carrosse. Quand ils furent en route, elle raconta à Ponce les raisons qu'elle avait de s'éloigner de Milan. Il l'approuva, et plaignit Lewensky de s'abandonner à la jalousie, la plus triste des passions.

Léonide ne voulut point quitter l'Italie sans aller revoir M. de Saint-Martin et le bon docteur Abdi. Elle trouva le premier très-affaibli par une grande maladie qu'il venait d'avoir, et dont il y avait lieu de présumer qu'il ne reviendrait jamais entièrement. Il sembla néanmoins se ranimer en voyant sa belle amie. Il la pria, ainsi que son frère, de lui donner huit jours. — Ce serait, dit-il, les derniers momens heureux de ma vie, qui touche à sa fin. Léonide et Ponce l'engagèrent à éloigner ces tristes pensées. Elles ne le sont pas plus, dit-il, qu'il n'est pénible à un voyageur d'arriver au but de sa course. J'ai plus de quatre-vingts ans. Je n'ai jamais éprouvé ni grande peine, ni grand plaisir ; ma vie s'est écoulée comme les eaux d'un ruisseau qui traverse une molle prairie. J'ai eu des amis, j'ai fait quelque bien, jamais aucun mal ; mais j'ai mis trop de prix à l'indépendance. Elle m'a privé du plaisir de me voir renaître. Mon bien passera à des parens éloignés, et qui ne m'en sauront aucun gré : c'est une punition que le Ciel attache au célibat. — Quant à moi, reprit Léonide, j'ai pris un parti tout opposé. Voilà trois fois que je me marie, et je n'ai point d'enfans, tandis que madame Lormin est mère. — Madame Lormin ; est-ce la marquise de Verceil ? — Elle-même. — Léonide leur raconta le dîner qu'elle avait fait chez cette dame. M. de Saint-Martin dit qu'ils avaient tous deux sacrifiés les préjugés au bonheur, qui n'était pas toujours un échange certain : mais qu'il fallait espérer que ce couple oublierait le passé, et du présent se formerait un bienheureux avenir.

Ponce passa dans la bibliothèque les huit jours que Léonide donna au vieillard. Le Docteur vit l'instant du départ avec d'autant plus de chagrin, que loin de se faire illusion, il était certain que son pauvre ami n'avait plus que peu de jours à vivre. En effet, madame de Lewensky, un mois après qu'elle fut à Mentiel, reçut une lettre du Docteur, qui lui apprenait la mort douce et paisible de cet homme vertueux. Il ajoutait que M. de Saint Martin lui avait laissé sa chaumière, mais qu'inutilement il voudrait l'habiter; et que, privé de la présence de son respectable ami, il n'était plus de bonheur pour lui dans le monde; qu'en conséquence, il se retirait au Mont-Saint-Bernard, avec les bons religieux de cet hospice, auxquels ses faibles lumières en médecine pourraient être utiles. Il exécuta ce projet, non sans avoir disposé de la chaumière en faveur d'une pauvre famille émigrée qui s'y fixa, et dut à ces deux respectables amis une existence douce et heureuse. Abdi vécut en philosophe chrétien, et au bout de dix ans alla rejoindre son ami.

# CHAPITRE LXII.

*Les perfides dressent leurs batteries.*

Nous avons dit que Léonide et son frère passèrent un mois à Mentiel, où les habitans et ses voisins la revirent avec plaisir. Elle n'avait point dit à Lewensky qu'elle allait chez elle. Il croyait qu'elle se rendait directement à Paris.

Quand elle fut partie, Levensky se livra à tout le chagrin que ce départ lui causait. Il eût voulu arriver avec elle à Paris. Il craignait qu'elle ne découvrît le sujet de sa correspondance avec Dauzy. Il n'aurait fallu, pour apprendre son secret à madame de Lewensky, qu'une lettre de son époux, trouvée par hasard chez sa cousine ; car il savait que madame de Poligny se faisait remettre celles qui étaient adressées au peintre (1). Il connaissait la vivacité de Léonide. Elle s'en serait emparée, avant qu'Hercilie eût le temps la dérober à ses yeux.. Il crut donc que ce qu'il avait de mieux à faire était d'envoyer une estafette à Dauzy, avec cette lettre :

### Lettre du colonel Lewensky à son ami.

Le 11 prairial an 4.

« Je suis le plus fou, le plus inconséquent des hommes. Je viens de faire

---

(1) C'est-à-dire celles que ces messieurs voulaient bien qu'elle vît.

un coup de tête qu'on ne pardonnerait pas à un écolier. Imagine-toi que je me suis laissé emporter à un accès de jalousie qui n'avait pas le sens commun. Un nommé Salvatini, aide-de-camp du Général en chef, avait été envoyé par lui à Milan; à son retour, nous nous rencontrâmes dans un café sans nous connaître, car il y avait très-peu de temps qu'il était attaché à l'état-major. Il s'entretenait avec un de ses camarades, et parlait assez haut de ce qu'il avait vu à Milan, de la société de cette ville; je l'entendis citer madame de Lewensky comme la plus belle femme qui s'y trouvât; se vanter d'avoir fait l'impossible pour lui plaire, mais sans pouvoir réussir, parce qu'elle était du dernier bien avec le beau marquis de Rosetti, dont il faisait un pompeux éloge. Le sang me bout dans les veines. Je sors à

l'instant du café, je passe chez le Général, je lui demande un congé de trois jours. Je préviens Ponce, en courant, que nous allons à Milan. Il est enchanté de revoir sa sœur, dont nous étions absens depuis trois mois; je ne lui dis pas un mot pendant la route, et il n'apprend rien que par les sarcasmes de sa sœur. . , . . . . . . . . . . . .
. . . . . . . . . . . . . . . . . . . . . . .
. . . . . . . . . . . . . . . . . . . . . . .

( Là, il lui racontait le parti que sa femme avait pris, pour lui prouver qu'il avait tort. )

» Ce parti, mon cher Dauzy, me désole. Ces deux dames se verront avant que j'arrive: ma chère compagne vantera son bonheur. Quand une femme ne se plaint pas de son époux, elle l'élève aux nues, parce qu'elle exalte en même temps le pouvoir de ses charmes; après cela, comment persuader à Hercilie que je l'adore? D'un autre côté, il serait très-désagréable que madame de Lewensky sût mes projets sur sa cousine. J'ai grand besoin de la ménager. Tâche, mon ami, de ne laisser aucune preuve de conviction dans les mains de l'Ambassadrice. Enfin, mon cher Dauzy, sur ces deux points si importans pour le succès de mes grands desseins, je m'en rapporte à ton zèle et à ton intelligence. Tout à toi.

STANISLAS LEWENSKY ».

*P. S.* Surtout, ne manque pas de te faire présenter par Hercilie chez ma femme. Je voudrais te trouver reçu familièrement chez moi. Jamais je ne te verrai autant que je le désire ».

Cette lettre arriva à Paris bien avant Léonide; Dauzy alla chez madame de

Poligny, lui fit part du prochain retour de madame de Lewensky, et la supplia de ne point faire d'imprudence, et de lui rendre les dernières lettres du Colonel ; il lui fit sentir tout le danger qu'il y avait à les laisser tomber dans les mains de madame de Lewensky ; il appuyait principalement sur ce que Stanislas n'ayant rien que des dettes, si Léonide, par jalousie, se séparait de lui, il n'aurait plus d'autres moyens que de se défaire de son régiment, et de retourner en Pologne. Alors, adieu ces charmans projets, qui ne nuisent à personne tant qu'on les ignore, et qui bouleversent tout du moment qu'on en est instruit. Hercilie en convint, remit à Dauzy les lettres de son ami, et se prépara à tromper le plus habilement qu'il lui serait possible, son époux, son amant et sa cousine. Oh ! le bon petit sujet ! Cependant elle s'étonnait, ainsi que Dauzy, de ne pas voir arriver cette dernière, lorsqu'elle en reçut une lettre datée de Mentiel, qui annonçait qu'elle irait à Puiseleu, et serait à Paris le quinze du mois de messidor.

## CHAPITRE LXIII.

*Rentrée de Léonide dans la Capitale.*

JE n'entrerai point dans le détail de ce voyage à Puiseleu ; je dirai seulement que Léonide fut reçue avec tendresse de sa mère, de ses cousines, même de M. de Bertelli, qui tenait à honneur d'être allié à la maison de Lewensky. Elle emmena sa mère avec elle ; mais cette dame resta peu à Paris, dont elle avait entièrement perdu le goût. Ponce s'en retourna à la campagne. Jenni, que nous avons paru oublier, reprit ses droits sur Léonide. Elle fit valoir le soin qu'elle avait eu, grâce à la bouillotte, d'entretenir sa maison sans qu'il lui en coûtât rien.

Tout était dans le plus grand ordre, et la société n'avait presque point changé. Léonide y parut encore plus aimable. Félicie la combla d'amitié : elle était si contente de voir sa cousine rendue au bonheur ! Boreston lui en témoigna aussi sa satisfaction, et l'engagea à éloigner de chez elle, peu à peu, ces hommes tarés, qui n'ont d'autre recommandation que leurs richesses ou leur crédit momentané. Léonide s'y engagea. Cependant Jenni, qui avait employé tout le temps de son absence en intrigues subalternes, faisait de constans efforts pour la déterminer à reprendre un *Bureau d'adresse*. Léonide résista à tout ce qu'elle put faire pour la réengager dans cette vile carrière. Toute à l'amour, elle ne se sentait plus le talent de nouer et de dénouer à son gré les intrigues politiques ou financières ; aussi se garda-t-elle bien d'y paraître en nom. Jenni se mêla seule de demander et de recevoir de l'argent. Le revenu de sa terre s'aperçut aussi que son crédit était diminué : toutes les cours sont les mêmes, et celle du Luxembourg, toute burlesque qu'elle était, oubliait aussi les absens. D'ailleurs, Lewensky n'avait pas l'influence de Scipion. Il n'était pas, comme lui, important pas ses crimes. Il ne fallait donc plus compter sur ces affaires majeures, qui remplissent en un jour les coffres de ceux qui s'en mêlent; mais riche comme elle l'était, madame de Lewensky pouvait s'en passer, ou du moins le croyait.

Cependant Stanislas tirait sur elle force lettres-de-change, auxquelles sa femme faisait honneur, sans rien diminuer de son train toujours magnifique.

Le goût des arts ajouta encore à ses dépenses habituelles. Elle avait vu le boudoir d'Hercilie, elle l'avait trouvé charmant. Elle voulut que Dauzy, avec qui elle avait fait connaissance chez sa cousine, se chargeât de décorer le sien. Elle donnait un concert toutes les semaines. Les plus habiles musiciens s'y trouvaient, et étaient généreusement récompensés de leur complaisance. Il est vrai que Jenni traitait parfois en sous main de quelque petite place civile ou de grades subalternes, que même on n'obtenait pas toujours. La bouillotte avait disparu ; madame de Lewensky trouvait ce moyen d'avoir de l'argent ignoble. Enfin, elle était devenue grande dame par son mariage avec Stanislas, elle ne voulait pas déroger ; mais pour cela il fallait de l'ordre, ne pas s'en rapporter à ses gens, se bien pénétrer d'une vérité reconnue, qu'il n'y a point de vraie magnificence sans économie. Elle avait autrefois suivi cette maxime ; mais elle possédait une fortune si considérable, qu'à son avis rien ne pouvait la déranger. Elle verra bientôt le contraire.

Depuis long-temps on parlait de la paix ; elle fut signée, et Lewensky écrivit à sa femme qu'il allait revenir. Elle en éprouva une grande joie. Jenni, qui ne le connaissait pas, avait le plus grand désir de s'assurer si vraiment il était aussi beau, aussi aimable qu'on le disait. Hercilie, qui sait aussi qu'elle va le voir, ne peut contenir qu'avec peine toute la joie qu'elle en ressent ; elle s'enferme avec Dauzy pour s'y livrer sans contrainte. Il avait reçu de Lewensky une lettre remplie des plus tendres expressions pour la dame de ses pensées. Elle la lut et la relut vingt fois; après quoi Dauzy se la fit rendre, en lui recommandant surtout une grande circonspection. « J'en aurai beaucoup, assura-t-elle; mais cependant ne puis-je sans inconvénient paraître satisfaite d'un retour qui comble de joie ce que je suis sensée avoir de plus cher au monde après mon époux »? Le peintre applaudit à cette fausseté, d'autant plus vraisemblable, qu'il n'y avait pas jusqu'à la bonne comtesse de Mansville elle-même, qui ne savait à qui parler de l'extrême joie que lui causait la prochaine arrivée de son gendre.

## CHAPITRE LXIV.

*Arrivée de l'époux. — Il se refroidit et pour cause.*

Stanislas se rendit au vœu de ses amis, et arriva à Paris. Léonide, instruite du moment de son retour, alla au-devant de lui avec ses deux cousines; car Félicie partageait aussi le plaisir qu'il causait à toute la famille, et l'on était bien éloigné de penser que ce retour devait la couvrir de deuil. Rien n'était aussi leste que l'équipage de madame de Lewensky. Une dormeuse de la coupe la plus élégante, attelée de quatre chevaux gris-pommelé, d'une beauté parfaite, des gens vêtus d'écarlate, galonnés d'argent. Les trois cousines étaient dans la voiture avec Jenni, qui ne pouvait concevoir que Stanislas pût faire oublier le pauvre général Bloc, dont la veuve ne se souvenait plus. MM. Boreston, Poligny, Ponce, Dauzy, et autres dont les noms ne me reviennent pas, étaient à cheval. On alla jusqu'à la Croix de Bernis, où on avait commandé un grand souper. Le cuisinier de madame de Lewensky était parti depuis la veille pour le préparer. La soirée était charmante. Le plus beau clair de lune faisait distinguer de très-loin sur la route, et l'on ne tarda pas à apercevoir une chaise de poste avec deux courriers. « C'est lui, dit Léonide, mon cœur ne me trompe pas ». Et en effet, Lewensky eut bientôt rejoint ces dames, qui étaient descendues de voiture. Il sauta légèrement de la sienne, et se précipita dans les bras de sa femme. Il savait que rien ne déterminait aussi vite le cœur d'une belle en faveur d'un homme, que lorsqu'il a l'adresse de la rendre jalouse du sentiment qu'il paraît avoir pour un autre. Cette ruse ne manqua pas son effet. Hercilie fut singulièrement offensée de n'avoir pas eu un regard, tandis que Stanislas paraissait s'enivrer du bonheur de recevoir sa femme.

« Ah! mon cher, disait-elle à l'oreille de Dauzy, que les hommes sont bizarres! Il fait des projets sur moi, je n'en puis douter d'après sa lettre, et il ne cherche pas seulement à savoir si c'est moi.... » Elle n'eut pas le temps de porter plus loin ces tristes réflexions : le beau Lewensky, qu'elle trouvait bien mieux que son portrait, se retourna du côté où étaient ses cousines, et les salua avec une grâce qui n'appartenait qu'à lui.

« Pardon, mille fois pardon, mesdames. Excusez un étranger qui ose être époux avant d'être galant. Un Français vous eût aperçues avant sa compagne; mais un Polonais ne dissimule aucun de ses sentimens; et après m'être livré à celui dont mon cœur brûlera jusqu'à mon dernier jour pour ma Léonide, permettez-moi, mesdames, de vous offrir le tribut d'hommages que mérite l'éclat de vos charmes ».

Félicie lui répondit de la manière la plus enjouée, qu'il avait très-bien fait, et qu'elle eût eu fort mauvaise opinion de lui s'il s'était conduit différemment. « A présent, ajouta-elle, je reçois, non vos hommages, mais ces témoignages d'amitié auxquels je répondrai du plus sincère de mon cœur ». Il prit sa main; elle lui tendit sa joue. Il lui donna un baiser; et tout mauvais sujet qu'il était, la vertu qui brillait sur le front de madame de Boreston, ne permit pas à Stanislas une seule pensée dont Félicie pût s'offenser.

Hercilie attendait son tour ; l'adroit Polonais, qui la dévorait des yeux, parut à peine s'apercevoir qu'elle fût jolie. Il la salua respectueusemen, et lui demanda de vouloir bien le présenter à son Excellence. Hercilie, d'assez mauvaise humeur, lui dit que M. de Poligny était là ; que c'était lui qui causait avec M. de Boreston. Lewensky s'éloigna, et au même moment il aperçut Dauzy ; il lui sauta au cou, le tint serré dans ses bras, et lui dit à l'oreille : *Elle est divine.* Dauzy le présenta à ces messieurs, qui furent fort contens de lui, et éprouvèrent néanmoins un léger mouvement de jalousie, ne pouvant se dissimuler qu'il était d'une figure remarquable ; et Boreston surtout, qui adorait sa femme, en fut plus vivement frappé que son cousin. Félicie, qui crut s'en apercevoir, eut le ton plus réservé. Ce fut un nouveau sujet d'inquiétude pour lui, car il se disait : « Changerait-elle si promptement de manières avec lui, si elle n'avait pas senti qu'il est dangereux pour elle de se livrer à quelque familiarité avec un aussi bel homme »? Cette réflexion empoisonna sa vie, et fut cause.... mais suivons le cours des événemens.

On remonta en voiture. Lewensky prit place dans celle de sa femme, et on revint à l'auberge, où, comme je l'ai dit, le plus excellent souper attendait les voyageurs. Lewensky soutint son personnage, et n'eut l'air occupé que de sa femme, et de mériter l'amitié de son beau-frère et de ses cousins. Ces messieurs, à l'exception de Boreston, furent très-contens de lui. Il demanda à sa femme d'aimer Dauzy, pour l'amour de lui, en attendant qu'elle l'aimât pour ses qualités estimables. On revint aux flambeaux, et ce fut avec un sensible plaisir que Léopide fit hommage à son époux de son magnifique hôtel, où se trouvait réuni tout ce qui peut donner une idée parfaite de magnificence. Lewensky eut *la bonté* de partager le fastueux lit de sa compagne, et de lui prouver qu'il ne gardait point de rancune du caprice qui l'avait fait partir pour Paris. Léonide en conservait encore moins la mémoire, et tout aurait dû faire croire que le bonheur dont jouissait alors madame de Lewensky serait durable. Mais qu'est-ce qui l'est sous le soleil ?

Dès le lendemain matin, Léonide n'eut rien de plus pressé que de conduire son époux chez sa mère, qui, pour attendre son gendre, avait quitté Puiseleu depuis quelques jours, et logeait dans un appartement de l'hôtel de sa fille, que celle-ci lui avait fait arranger à l'instant où elle avait épousé le général Bloc. Célestine ne tarissait point en éloges de son gendre ; elle lui trouvait l'air noble, gracieux, une taille superbe, une physionomie charmante. Enfin, la bonne madame de Mansville ne savait quelle caresse lui faire. Elle l'engagea à venir à Puiseleu, tandis que lui-même ne mettait pas moins d'empressement à la supplier de rester avec ses enfans. Elle promit de se partager entre eux et ses cousins. Ponce, qui était chez sa mère, approuva cet arrangement; car les hivers à la campagne commençaient fort à lui déplaire. Enfin, il semblait que le Polonais eût amené avec lui la paix et le bonheur.

Cependant Hercilie était de très-mauvaise humeur, et se promettait de bannir de son cœur un homme qui ne savait pas rendre justice à ses charmes, lorsque Dauzy arriva. « Oh! vraiment, lui dit-elle du plus loin qu'elle l'aperçut, vous avez un ami charmant, d'une galanterie surprenante: c'était bien la peine de me vanter ses grâces, son esprit, la sensibilité de son cœur! Il n'est pas si bien que son portrait, il s'en faut beaucoup. Son esprit est fort ordinaire, et sûrement c'est le plus insensible des hommes. — Vous croyez cela. — Oh! j'en suis certaine. — Vous ne l'aimez point. — J'en serais bien fâchée. — Alors il est inutile que je vous remette un billet dont on m'avait chargé. — Il m'a écrit ? — Non, c'est un homme insensible, d'un esprit médiocre, d'une figure très-ordinaire. — Mon cher Dauzy! le dépit, la jalousie me faisaient parler ; mais donnez-moi sa lettre, je vous en conjure. — Vous ne l'aimez point. — Ah! si je ne l'aimais pas, me serais-je occupée de lui? aurais-je pris garde à ses moindres actions. Hélas! je ne l'aime que trop, et s'il pouvait repondre à mes sentimens.... — Vous allez en juger ».

*Billet de Lewensky à Hercilie.*

« Si l'amitié ne m'abuse pas, adorable Hercilie, vous aviez daigné vous occuper de moi avant l'instant à jamais heureux où je vous ai vue pour la première fois, et mon portrait, plus fortuné que moi, avait été témoin de vos timides vœux. Ah! réalisons cette douce chimère. Sachez que depuis six mois je vous adore. Mais surtout cachons à tous les yeux notre intelligence; que le mystère nous accompagne sans cesse; et confions à l'ami qui veille sur nous, le soin de nous réunir sans que personne puisse troubler notre bonheur : le mien est si grand qu'il ne peut se comparer qu'au respect avec lequel je suis,

S. L. »

Ah! cher Dauzy, que je suis heureuse. Oui, c'est à vous que je confie mes plus précieux intérêts. Dites à Lewensky que je saurai commander à mes sentimens pour lui ; mais qu'il ménage mon extrême sensibilité, ma jalousie, puisqu'il faut en convenir, et qu'il songe qu'il est mon premier amour, et sera le dernier »! Ces premiers transports passés, il fallut convenir de ses faits. « Vous vous aimez, dit Dauzy ; mais vous avez deux Argus à endormir, et cela n'est pas si facile que l'on pourrait le dire ». Il lui proposa plusieurs projets pour échapper à l'œil perçant de la jalousie ; aucun ne lui plut. Il en imagina enfin un qui parut convenir à l'Ambassadrice et excita sa gaieté: nous en ferons part au lecteur quand il en sera temps.

A peine Dauzy était-il sorti de chez Hercilie, que Léonide et son époux y arrivèrent. On juge qu'ils furent bien reçus ; l'Ambassadrice fut charmante, son esprit parut dans tout son éclat. Elle était heureuse : certaine de l'avoir emporté sur sa cousine, elle jouissait avec transport de ce triomphe, car elle était bien plus vaine que tendre. Bientôt il s'établit une société intime entre les trois cousines. Boreston, revenu de ses premières préventions, prit Lewensky en amitié, et crut à toute la pureté de celle que sa femme marquait au Colonel. L'Ambassadeur, assez indifférent pour Hercilie, la croyait sage, ou plutôt supposait qu'elle devait l'être, et n'examinait pas de près sa conduite qui, à l'extérieur, paraissait excellente. Elle n'avait plus ces manières évaporées qu'autrefois il blâmait en elle. Caressante, attentive avec son époux, elle montrait assez de froideur à Lewensky, et accablait Léonide de soins et d'attentions.

Jenni ne paraissait presque plus en public avec ces dames. La bouillotte qu'elle avait reprise et qu'elle tenait dans son appartement, occupait toutes ses soirées. Cependant, l'aveugle déesse ne la traitait pas toujours au gré de ses désirs ; et sans les fonds qu'elle puisait dans les coffres de madame de Lewensky, en lui faisant accroire que c'était pour les placer très-avantageusement, elle eut été assez mal à son aise. Léonide trop occupée de son amour, ne prenait garde à rien. Elle qui jusque-là avait eu tant d'ordre, cessa tout-à-fait d'en avoir, et abandonna à ses valets le soin de sa maison. Dieu sait à quel point ils en abusèrent ! Mais que lui importait la fortune, que lui importait la vie ? un chagrin renaissant la dévorait : Lewensky, le tendre, l'adorable Lewensky avait cessé de l'aimer.

Deux ans s'étaient écoulés ; longtemps le Colonel s'était contraint ; longtemps le lit conjugal l'avait vu aussi tendre, aussi empressé qu'au premier moment de son mariage; mais enfin,

>Tout passe, et le cœur le plus tendre
>Ne peut aimer toujours.

Les chastes caresses de Léonide n'avaient plus pour lui nul goût, si les raisons que l'on devine ne lui permettaient pas de s'y dérober. La langueur la plus désolante avait remplacé ses transports. Léonide, plus amoureuse que jamais, se plaignait, et ses plaintes aigrissaient l'humeur de Stanislas, qui se plaignait à son tour de l'exigence de sa compagne. C'étaient des scènes continuelles; mais elles n'éclataient point: à l'extérieur rien ne paraissait changé. M. de Lewensky, autant par suite de ses arrangemens secrets que pour échapper aux reproches de sa femme, passait sa vie chez ses cousines; et Félicie, qui ne se doutait pas à quel point Léonide était malheureuse, comblait Stanislas d'amitiés, à proportion de l'amour qu'elle lui croyait pour son épouse.

Cependant Lewensky, pour écarter un créancier trop exigeant, ne fit pas enfermer Léonide (comme le dit Montesquieu en parlant des sérails d'Asie); mais il se retirait presque tous les soirs dans sa chambre, où c'était lui-même qu'il enfermait soigneusement; au moins passait-il pour enfermé, tandis que ses pas mystérieux se portaient ailleurs.

Ailleurs, me direz-vous, cher lecteur; où donc allait-il ainsi?—Belle demande, il allait... il allait causer tête-à-tête avec Hercilie, que son mari délaissait aussi, mais par un *tout autre* motif. Voilà l'instant de vous dévoiler quel était l'infâme moyen que Dauzy indiqua à ces coupables amans, pour qu'ils pussent tout à l'aise se voir, sans crainte d'être surpris.

## CHAPITRE LXV.

*Les époux infidèles. — Soupçons. — Ruse de Léonide.*

Depuis quelque temps madame de Boreston se plaignait d'une de ses femmes qu'elle gardait par bonté; mais qui, après avoir volé sa maîtresse, la contraignit à la renvoyer. Dauzy, devenu l'homme nécessaire dans la famille, proposa une de ses compatriotes pour la remplacer. Cette fille était un de ces génies infernaux qui ont abjuré tout sentiment d'honneur et de délicatesse. Dauzy, las de l'avoir pour maîtresse, et surtout de fournir à sa dépense, imagina de s'en débarrasser en la plaçant chez madame de Boreston, et lui promettant de lui faire avoir une pension de madame de Poligny, si elle voulait protéger les rendez-vous de l'Ambassadrice, et d'un fort bel homme qu'elle connaissait. « De M. de Lewensky? — Lui-même ». Rosalie soupira; elle avait plus d'une fois regretté de ne pouvoir espérer un moment de bienveillance du Polonais; mais elle étouffa ce sentiment de jalousie, et se flatta que cette intrigue lui donnerait le moyen de voir Lewensky seul, et qu'il serait possible qu'elle obtînt de lui un instant de distraction. Ainsi elle se croyait un peu moins vile, parce qu'au moins son amour pour Lewensky, lui servait en quelque sorte d'excuse à ses propres yeux, dans le rôle infâme qu'elle allait jouer. Elle se présenta chez Félicie; la recommandation de Dauzy suffit; elle fut arrêtée, et s'installa sans délai dans la chambre de celle à qui elle succédait.

Pour l'intelligence des événemens qui vont suivre, il faut que le lecteur sache avec exactitude la manière dont cette chambre est située. L'hôtel de madame de Boreston est un pavillon carré entre une cour et un grand jardin, dont une des portes donne sur le boulevard des Invalides. Madame de Boreston occupe le premier ; son boudoir donne sur le jardin ; il a une porte de dégagement dans un passage, où se trouve la chambre de Rosalie ; une porte de la chambre à coucher de Félicie communique dans le boudoir ; celle de la femme de chambre se dégage sur un escalier-dérobé, qui descend dans la cour, et monte à l'appartement d'Hercilie, dont les femmes occupent les mansardes. Une fois sur cet escalier, on arrive sans difficulté à la porte de la bibliothéque de madame de Poligny. Celle-ci est la même pièce que celle où demeure Rosalie ; un étage plus bas. Hercilie en a seule la clef. Ainsi nul obstacle, nulles surprises à redouter.

Toutes choses disposées de la sorte, il fut convenu que la femme de chambre de madame de Boreston aurait l'indignité, pour détourner tout soupçon d'Hercilie, d'ouvrir la fenêtre du boudoir de sa maîtresse, et d'y attacher une échelle de soie que Lewensky lui avait procurée. Celui-ci avait une clef de la porte du jardin qui donnait sur le boulevard ; il devait donc entrer par cette porte et se rendre à un signal convenu au pied de l'échelle, y monter, entrer dans le boudoir de Félicie, le traverser pour gagner la chambre de Rosalie, et de chez elle l'escalier dérobé : il avait aussi une clef de la porte de la bibliothéque, et devait trouver ouverte celle du boudoir de madame de Poligny.

Pendant plus de deux ans, rien ne troubla ces criminels rendez-vous, et ce couple ingrat semblait trouver un charme de plus à ses plaisirs, en pensant avec quelle adresse il trompait M. de Poligny et Léonide. Plus ils s'abandonnaient dans l'ombre du mystère à leur folle passion, plus ils avaient l'air dégagés et indifférens l'un à l'autre dans la société.

Félicie, cependant, trouvant à Stanislas un genre d'esprit qui lui convenait, s'était très-sincèrement attachée au mari de sa cousine, et le lui témoignait avec cette franchise compagne d'un cœur vertueux. Pourquoi aurait-elle caché son amitié pour Stanislas? Celui-ci plein de respect pour elle, n'aurait jamais osé former le projet de la séduire; mais sa vanité n'en était pas moins flattée de la bienveillance qu'elle lui témoignait; et par un autre motif qu'il est facile de deviner, il y répondait avec affectation. Léonide en fit la remarque; elle s'en plaignit à son époux, qui répondit en homme coupable. Les soupçons qu'elle avait conçus s'accrurent, lorsque Lewensky cessa de la rassurer par les preuves de son amour, ou lui en donna si rarement, qu'elle avait tout le temps de se croire entièrement délaissée : encore ces momens de rapprochement n'étaient-ils dus qu'à la nécessité d'obtenir d'elle quelques nouveaux sacrifices de fortune, pour satisfaire à l'effroyable dépense qu'il faisait. Les emprunts et les dettes montaient si haut, que Léonide n'osait jeter un coup d'œil attentif sur sa position, et cherchait à s'étourdir. Il n'en était pas de même des droits qu'elle croyait avoir à l'amour et à la reconnaissance de son époux. Elle résolut de savoir où il portait ses vœux.

Il y avait aussi à l'hôtel qu'elle occupait un jardin, et l'appartement du Colonel y rendait par une porte-fenêtre qui donnait sur la terrasse. Elle imagina que Stanislas allait passer avec quelque perfide beauté les nuits qu'il lui dérobait; il sortait nécessairement par le jardin, qui, comme celui de Boreston, donnait sur le boulevard. Pour épier les actions de son mari, elle feint un voyage de Puiseleu. Elle n'emmène qu'un domestique dont la fidélité lui est connue. Elle s'arrête à Charenton; y laisse sa voiture, son cheval et les habits de son sexe; prend un frac qu'elle s'est fait faire, un chapeau rond, des bottes, une badine à la main, et revient à Paris suivie de Champagne, à qui elle ne laisse point ignorer le sujet de ce déguisement. Ils arrivent à la brune devant la porte du boulevard : elle en a la clef. Elle ouvre avec précaution. Champagne a ordre d'aller passer la nuit dans quelque cabaret voisin, et de se trouver à deux pas au point du jour. Il y avait un kiosque dans le jardin, Léonide s'y retire, et attend dans la plus cruelle anxiété ce que le sort lui prépare.

Après avoir attendu près de trois heures, elle entend ouvrir la porte du cabinet de son mari, qui donnait sur le jardin. La nuit était éclairée par les étoiles, et l'obscurité n'était pas assez profonde pour que l'on ne distinguât point les objets. Elle voit donc le Colonel sortir de son appartement et descendre le perron. Elle ne perd pas de temps ; elle gagne la porte qu'elle a laissée entr'ouverte, et va se placer en sentinelle sur le boulevard, se tenant cachée derrière un gros arbre assez près de la maison. Elle croit, ou voudrait croire que Lewensky n'est descendu dans le jardin que pour prendre l'air, ne pouvant dormir ; mais cette idée est bientôt dissipée, car elle entend ouvrir la petite porte qu'elle avait refermée sur elle. Un homme en sort ; c'est Lewensky : l'amour et la jalousie ne le lui apprennent que trop.

## CHAPITRE LXVI.

*Révélations indiscrètes. — Repentir tardif.*

Lewensky, car c'était bien lui, passe tout près de sa femme sans la voir. Il continue sa route. Léonide, qui le suit avec précaution, arrive en même temps que lui à une porte qu'elle ne reconnaît que trop. Lewensky la pousse et pénètre dans le jardin, après l'avoir remise sans bruit dans son premier état. Léonide, à la faveur de l'ombre que les arbres épaississaient à l'entrée, se glisse, presque en même temps que son mari, dans le jardin. Là elle s'arrête et se place sous un pont, d'où elle voit tout et ne peut être vue. Elle aperçoit une faible lumière, comme celle d'une lampe de nuit qui éclaire le boudoir de Félicie. A cet instant la lune s'élève au-dessus de l'horizon, et éclaire cette scène si déchirante pour une épouse. Elle voit distinctement que la fenêtre est ouverte, qu'une échelle de soie est attachée au balcon. Mais, ô douleur! Lewensky arrive au bas de cette fenêtre, en franchit l'espace avec une vivacité qui ne montre que trop l'excès de son amour pour une odieuse rivale. C'en est fait ! plus de doute : Félicie, qu'elle soupçonnait, est bien la coupable, et malheur à elle!! N'ayant plus besoin d'autre preuve de l'infidélité de son époux, elle quitte le jardin, où elle voudrait n'être jamais venue, gagne la porte, et va attendre Champagne sur le boulevard, en méditant sa vengeance. Lorsque son valet parut, elle retourna à Charenton, remonta en cabriolet, et se rendit à Puiseleu, où elle passa vingt-quatre heures pour ôter tout soupçon. Elle revint ensuite, et attendit, avec une extrême impatience, l'oscasion de voir Boreston seul.

C'est à lui qu'elle veut apprendre le sujet de ses douleurs. Elle veut qu'il les partage; que dis-je? elle veut qu'il la venge; qu'il punisse une épouse infidèle; qu'il l'éloigne de l'objet de son criminel amour. C'est sur elle, la perfide, qu'il doit faire éclater la colère dont elle est bien sûre d'enflammer son âme. Elle n'a nulle pitié pour celle qui abuse de tous les dehors de la vertu pour en imposer à tout ce qui l'environne, qui lui témoigne une fausse amitié pour mieux déchirer son cœur, en lui enlevant celui de son époux. Plus elle a, depuis trois jours, contenu son indignation, plus elle s'est accrue. Enfin, le moment est venu où elle va donner un libre cours à sa haine.

Madame de Boreston est allé passer la journée à Nogent-sur-Seine : son mari, que son service retient à Paris, fait dire à Léonide qu'il viendra lui demander à dîner. Lewensky doit essayer un attelage de chevaux isabelle à crins noirs, que l'on veut vendre six mille francs. Il ne reviendra pas dîner.

Léonide fait fermer sa porte; elle veut que rien n'interrompe le récit qu'elle se propose de faire à l'infortuné Boreston. Le dîner fini, elle le conduit dans un cabinet reculé de son appartement où elle ne recevait ordinairement personne. Un sentiment confus de crainte le trouble à l'instant où elle l'introduit dans ce réduit écarté. Il se rappelle qu'il avait offert ses premiers hommages à Léonide ; il tremble qu'elle ne s'en souvienne. Il ne l'aime plus, et depuis longues années, il rend justice à son esprit, à ses grâces ; mais Félicie seule possède son cœur : sa cousine revendiquerait en vain ses anciens droits sur lui; il serait forcé de convenir qu'il les méconnaît. Il n'ignore pas non plus quelle fureur éprouve une femme qui fait des avances auxquelles on ne répond point. Il se voit réduit à cette épreuve, d'après le mystère sans exemple qui accompagne cette entrevue.

Elle le fait asseoir sur une ottomane où elle-même vient de se laisser tomber; puis avec un air embarrassé : « Vous ne doutez pas, lui dit-elle, de l'affection que je vous porte. Je veux vous en donner une preuve nouvelle; écoutez-moi, et gardez-vous surtout de m'interrompre ». Boreston, étonné de ce début, ne sait ce qu'il présage. Léonide est pâle et fortement agitée; elle a le regard fixe. Un tremblement visible dans tous les nerfs atteste le choc de ses idées. Que va-t-elle apprendre à Léopold? Il faut bien qu'il l'écoute ; mais, une voix, au fond du cœur, lui dit que ce sera son malheur. Cependant il attend avec effroi ce que Léonide veut lui dire.

« Vous savez, Léopold, reprend-elle d'une voix altérée, que j'eus toujours pour vous une sincère amitié. J'ai pu quelquefois penser que vous n'aviez pas toujours été insensible à mes faibles attraits. Heureux si des circonstances, plus bizarres les unes que les autres, ne vous eussent pas engagé dans d'autres liens ; l'un et l'autre nous n'aurions pas à gémir maintenant de la double infidélité de ceux à qui nous avons donné notre amour ». Léopold, qui ne comprenait point le sens de ces paroles, n'osait en demander l'explication. Léonide, après avoir regardé attentivement, continua ainsi : « Vous souffrez, mon cher Boreston, vous souffrirez davantage quand vous saurez...... » Ah ! par pitié,

*Tome IV.* 6

Madame, épargnez-vous d'inutiles révélations ; je ne croirai rien de ce que vous pourrez me dire ; je vous accuserai d'injustice ; j'attribuerai vos odieux rapports à la jalousie que peuvent vous inspirer les charmes de Félicie, ses vertus et son bonheur.

« Léopold, vous ne voulez rien savoir, mais moi je veux vous dévoiler cet infâme complot contre notre mutuel bonheur. Lewensky est l'heureux amant de Félicie ». C'est impossible, vous cherchez vainement à troubler mon repos, le cœur de Félicie m'est trop connu ; et si je ne me porte pas envers vous aux derniers outrages, rendez grâce au respect que tout homme bien né doit aux femmes, quelle que soit leur conduite.

« Monsieur de Boreston, votre faiblesse est impardonnable ; je n'ai rien avancé dont je ne sois sûre. Placez vous à minuit sous le pont qui se trouve en face du boudoir de votre femme, je ne vous demande rien que cela pour que vous sachiez que je n'ai rien dit de trop ». Eh bien! oui, cruelle ennemie de mon repos, j'y serai; mais si vous n'avez pas trahi la vérité, si Lewensky.... Tremblez, c'est lui qui me répondra de mon bonheur détruit pour jamais. « Qui vous force à attaquer Lewensky ? » Qui me force à l'attaquer? vous, vous qui avez voulu déchirer mon âme, quelque effort que j'aie fait pour vous contraindre au silence. Mais tremblez, je vous le répète, ou je vous convaincrai de mensonge, et alors je vous accablerai de tout le mépris que mériterait votre insigne fausseté. S'il faut que j'acquière la douloureuse conviction de mon malheur, votre coupable époux paiera de sa vie la lâche trahison. En disant ces mots il la quitta sans vouloir rien entendre de plus.

A peine se fut-il éloigné, que Léonide

sentit tout le tort qu'elle avait eu de parler. Elle eût voulu pour tout au monde que ce fatal secret ne fût pas sorti de son sein. Elle n'avait pas senti que la vie de Lewensky serait le prix de son indiscrétion; mais comment détourner un pareil malheur. Si elle était assez heureuse pour fixer auprès d'elle le perfide toute la nuit prochaine, ce serait alors en vain que Léopold l'attendrait. Ne le voyant point venir, il croirait que Léonide l'a voulu tromper. « Il me haira, disait-elle; mais la vie de Lewensky, de ce cher coupable, sera à l'abri de la colère du Baron ». Elle se décida donc à sauver son époux, quelque chose qui pût en arriver pour elle.

## CHAPITRE LXVII.

*Suites d'un rapport trompeur. — Le duel. — Tout se découvre.*

LÉOPOLD, le cœur percé d'un trait mortel, rentre chez lui et attend Félicie. Il veut la revoir avant de mourir; son âme est accablée, et quelque effort qu'il fasse pour dérober sa douleur, elle perce malgré lui. Félicie revient de la campagne, où l'inquiétude que lui causait la santé d'une de ses amies l'avait conduite. Elle arrivait avec ses deux enfans, dont un était encore à la mamelle, et pouvait avoir environ six à sept mois: cette pauvre petite s'était endormie sur les bras de sa mère dans la voiture. Son premier soin fut de la mettre dans son berceau, puis elle revint à son mari, avec cette naïve tendresse qui depuis le moment de leur mariage avait fait leur bonheur. Mais, ô surprise! ô terreur! Boreston la reçoit avec un froid mortel; à peine se prête-t-il à ses caresses. « Qu'avez-vous donc, Léopold? quel triste nuage est répandu sur votre physionomie. Oh! mon cher Boreston, répondez-moi! — Que voulez-vous, Madame, que je vous dise. — Madame? est-ce que je ne suis pas la Félicie, ton amie? — Toujours. — Oh! si tu cessais d'aimer Félicie, elle mourrait. — Et vous, vous ne cesserez pas d'aimer Léopold? — Moi, cesser de t'aimer. Eh! mon ami, que me dis-tu? qui t'alarme, t'inquiète: apprends-moi, je t'en conjure, si c'est contre moi que tu es fâché; je suis certaine que rien dans ma conduite n'a pu te donner l'idée du plus léger soupçon: je suis tranquille. — Je le crois?

— Mais, dis moi, cher Boreston, ton trouble, ta douleur ont sûrement un autre sujet. Se tramerait-il une nouvelle conspiration. Oh! mon ami n'y prends point de part; je t'en conjure : que t'importe un gouvernement que tu dis toi-même devoir nécessairement périr (1)? pourquoi se laisser écraser par sa chute? donne ta démission ; allons vivre chez ma mère, avec mes tantes, à Puiseleu. Je serais si heureuse de te voir sans cesse, de partager avec toi l'éducation de nos enfans. — Félicie, pourquoi vous abaisser à feindre? — Moi, feindre, quand je te parle de mon amour. Cruel! qui peut te donner cette idée? — Ah! laissez, laissez un malheureux dont vous rendez l'existence affreuse. — Léopold, qui peut troubler ainsi votre raison? quel démon

―――――

(1) Ce gouvernement était le Directoire Exécutif.

change en désespoir ce qui devrait faire notre bonheur ? depuis quand avez-vous pu douter de mon amour ?...—Depuis... Non laissez-moi. — C'est impossible, il faut que tu m'instruise du sujet d'un trouble si extrême, je te le demande à genoux. — Eh! bien lève-toi, et prouve-moi qu'un monstre a ourdi cette horrible fable ». Il s'assied : Félicie se place à coté de lui. Elle attend sans crainte ce que son époux va lui dire. Elle est sûre, d'un mot, de détruire tout ce que la calomnie a pu inventer contre elle; mais, au moment ou il va ouvrir la bouche pour tout expliquer. . . . . . . . minuit sonne. Boreston se rappelle que c'est là l'heure indiquée par Léonide comme étant celle des rendez-vous de Lewensky avec Félicie; il s'indigne de sa faiblesse; il se lève à l'instant en disant: « Non, j'aime mieux vous confondre ». Aussitôt il s'élance hors du boudoir et descend précipitamment dans le jardin, tandis que Lewensky voyant de la lumière dans le boudoir, se persuade que Rosalie l'y attend.

Il avait déjà monté quelques échelons de l'échelle que cette fille avait attachée d'avance, ne se doutant pas que sa maîtresse dût veiller aussi tard, quand Boreston, ne suivant que le mouvement impétueux de sa fureur, le tire brusquement par la basque de son habit et le force à descendre. «Ce n'est pas, Monsieur, avec celle que vous cherchez, c'est avec moi que vous devez vous expliquer d'une manière intelligible ». En prononçant ces mots, il lui présente deux pistolets. — Boreston, vous vous trompez; ce n'est point Félicie. — Ce n'est point chez elle que rend cette échelle. — Ecoutez moi; vous saurez. — Je sais tout, et je brûle de me venger. — Je ne vous ai point offensé; pourquoi vous charger de la vengeance d'un autre .... — Choisis ou je tire. — Vous vous reprocherez de n'avoir pas voulu m'entendre.—Qui sait outrager et refuse de donner une satisfaction demandée, est un lâche ». Alors Lewensky s'éloigne. Ils tirent en même temps, et Boreston, dont la main tremblait de colère, ne fait qu'une légère blessure à Lewensky, et lui-même reçoit la balle au milieu de la poitrine, et tombe baigné dans son sang. Au bruit des pistolets toute la maison accourt..... Mais avant de raconter l'effet de cette terrible réunion, sachons ce que fait Léonide.

Nous l'avons laissée décidée à tout entreprendre pour rompre ce fatal rendez-vous Elle veut tout avouer à son époux; le danger où elle l'a exposé est la seule chose qui l'occupe. Elle n'a plus de désir de vengeance. Elle veut que Lewensky vive, dût-il cesser entièrement de l'aimer. Elle l'attend avec une impatience qui ne peut être comparée qu'a la vivacité de son amour. Depuis long-temps il ne vient jamais dans sa chambre le soir; elle n'en sait que trop la raison. Sa fierté naturelle ne lui eût pas permis de faire la moindre démarche pour obtenir d'une insultante pitié ce qu'elle se croyait en droit d'exiger de l'amour. Mais ici un intérêt bien plus grave l'occupe. Il faut qu'elle saisisse l'instant où Stanislas rentrera; elle va donc l'attendre dans sa chambre à coucher. Elle est dans une agitation qui ne lui permet pas un moment de repos. Elle se promène à grands pas dans cette chambre, où elle avait réuni tous les objets de luxe pour la rendre digne de celui qu'elle adore. Elle y voit son portrait, que Dauzy avait revêtu de tous les charmes de la vérité, embellie par une imagination brillante. Elle cherche inutilement dans ces traits ravissans son image flétrie par la douleur. Elle se compare involontairement à elle-même. La glace ne lui apprend que trop tout ce qu'elle a perdu, ce qui lui rend plus douloureux le triomphe de sa rivale; n'importe, elle ne laissera pas périr son cher Stanislas. Mais il ne revient point, l'heure s'avance; onze heures, onze heures et demie, l'horloge sonne les trois quarts. Alors elle ne se possède plus. Il ne rentrera pas; il aura été directement à l'hôtel de Boreston. Oh Ciel! si déjà il a parlé à Lewensky, si, de cette confidence, naissait une querelle sanglante. Cette pensée bouleverse tout son être, elle n'est plus capable de rien calculer que les moyens de préserver du péril ce qu'elle aime. Elle descend avec la rapidité de l'éclair, traverse son jardin, est déjà sur le boulevard; et comme elle ouvre la porte du jardin de Félicie, que Lewenski avait négligé de fermer, elle entend les deux coups de pistolets; elle jette un cri terrible, et vient tomber sans connaissance aux pieds de Lewensky, qui l'aperçoit à peine. Un spectacle bien plus déchirant frappait ses regards. Félicie pressant dans ses bras l'infortuné Boreston, qui sait déjà qu'elle n'est pas coupable; car Rosalie s'est écriée, au moment où elle est descendue dans le jardin : « Ah ! qu'avez-vous fait, monsieur de Boreston ? ce n'était pas pour madame que M. de Lewensky venait ici, il ne faisait que traverser son boudoir; et dût la vengeance de madame de Poligny m'accabler, c'est pour elle, et non pour sa cousine que j'introduisais dans la maison M. le Colonel. — Poligny interroge sa femme; celle-ci se trouble et n'ose répondre; Lewensky, sans accuser l'Ambassadrice, répète à Boreston ce qu'il lui avait dit. — « Hélas ! s'écrie cet infortuné, j'ai mérité mon sort ; j'ai pu douter de la vertu de Félicie. Celle-ci, mourante du coup qui lui enlève son époux, est à peine sensible à sa justification. Léonide, qui a repris ses sens, qui sait que sa cousine est innocente, et qu'elle a causé la mort de Léopold, veut aussi terminer sa vie; mais un des gens de Lewensky, qui le suivait toujours dans ses courses noctunes, et restait près de la porte pour lui prêter secours s'il en avait besoin, ayant vu ce qui se passait, avait couru chez Jenni pour l'instruire de ces malheurs. Madame de Tresy qui, n'était point encore couchée, ne perd pas un instant pour se rendre auprès de celle qui fut sa maîtresse, et arriva assez à temps pour arracher de ses mains un couteau dont elle allait se percer le sein. Elle fait plus, elle parvient à l'entraîner loin de cette scène affreuse, dont sa présence augmentait l'horreur. Avant de s'éloigner, madame de Lewensky adressa quelques mots à son mari, qui lui répondit avec tant de dureté, qu'elle faillit perdre encore une fois l'usage de ses sens : Jenni la soutint ; et elles parvinrent, non sans peine, jusque chez Léonide.

Quand elle se fut retirée, Lewensky offrit à l'Ambassadeur telle réparation qu'il voudrait. « Non, dit M. de Poligny, c'est bien assez qu'une créature aussi perverse coûte la vie à un galant homme. Je ne me vengerai d'elle que par le mépris et la perte de sa liberté ». Puis il ordonna à Hercilie d'aller attendre chez elle ce qu'il lui plairait de décider sur son sort. Il fit chercher, par ses gens, Rosalie, pour la conduire chez le magistrat de sûreté ; mais on ne la rencontra pas, et l'on sut, le lendemain, qu'elle avait été trouvée dans la rivière, où elle s'était précipitée pour échapper à la punition qu'elle redoutait ; montrant dans ce désepoir, tout criminel qu'il était, plus de sentiment que celle qui l'avait employée, et qui survécut à son déshonneur.

Quant à M. et madame de Boreston, on chercha en vain à adoucir leur position, rien ne pouvait la changer. Lewensky, désespéré, ne se consolait pas d'être la cause de la mort d'un homme qu'il aimait et estimait. Boreston, que l'on avait transporté dans sa chambre, le suppliait de prendre des précautions pour échapper aux poursuites de sa famille après sa mort. « C'est moi, je le sais, lui disait-il, c'est moi qui ai voulu ce malheureux combat ; mais malgré la déclaration que j'en fais, mes parens ne vous laisseront pas tranquille ». Lewensky ne pouvait s'éloigner de lui. Cependant Poligny, malgré l'offense qu'il en avait reçu, le pressa tellement, qu'il consentit enfin à quitter la France.

Mais avant d'exécuter ce dessein, il passa chez son notaire pour y consommer la ruine de Léonide, autant par vengeance contre sa femme que par cupidité ; et après s'être procuré, au moyen d'une procuration qu'elle lui avait donné, une très-grosse somme en traites sur les meilleures places d'Allemagne, il partit pour la Pologne sans daigner revoir Léonide, sans faire ses adieux à Hercilie ; laissant ces deux malheureuses femmes, qui toutes deux l'aimaient passionnément, dans la plus triste position que l'on puisse imaginer. Les chirurgiens avaient décidé que la blessure de Boreston était mortelle, et qu'il était impossible de prolonger son existence au-delà de quelques jours. Cet arrêt, qui parvint jusqu'à Félicie, fut celui de sa mort. Son lait se tarit et passa dans le sang ; mais les ravages qu'il fit ne se manifestèrent pas : au contraire, la fièvre ardente qu'il causait lui donnait la force de soutenir le spectacle déchirant qu'elle avait sous les yeux. Elle ne quitta pas un instant son bien-aimé ; elle adoucit ses maux. Elle lui donna le courage de se séparer d'elle, en l'assurant qu'elle ne tarderait pas à le rejoindre : c'est un ami qui aide son ami aux préparatifs d'un voyage qu'il doit faire aussi peu de jours après. Une seule idée affaiblit sa résolution, c'est celle de ses enfans : elle ne peut les voir sans verser quelques larmes ; mais l'arrivée de madame de Bertelli calme les craintes de l'amour maternel. Cette mère, désespérée du sort de son gendre et tremblante pour les jours de sa fille, lui promet de se charger de ses enfans : MM. de Bertelli et de Lorgiac sont à Paris ; ils concourent avec M. de Poligny à la punition exemplaire d'Hercilie. Elle est condamnée à une réclusion perpétuelle dans une maison du gouvernement, où elle pleure encore son amant, sa beauté et sa fortune. Madame de Lorgiac n'avait pu se résoudre à la revoir, et était restée avec madame de Mansville à Puiseleu, déplorant l'une et l'autre la conduite de leurs enfans, et n'espérant plus de bonheur, puisqu'il ne pouvait plus en exister pour leurs filles.

Peu de jours après le combat de messieurs de Lewensky et Boreston, celui-ci succomba au milieu des plus cruelles souffrances. Félicie reçut le dernier soupir de son époux, qui n'avait pas cessé, depuis l'instant de sa blessure, de lui témoigner son amour et ses regrets : sa veuve, qui déja ne tenait plus à la vie, malgré l'apparence d'existence qui lui restait encore, demanda à sa mère de partir pour Puiseleu avec ses enfans. On juge que cette tendre mère ne s'y opposa pas. MM. de

Mansville et de Lorgiac s'empressèrent de lui témoigner la part qu'elles prenaient à sa profonde douleur. Elle les en remercia, présida au nouvel établissement de ses enfans dans l'appartement de sa mère, les recommanda aux soins de l'Abbé, qui était toujours resté à Puiseleu; lui dit tout bas qu'elle aurait recours à son ministère, et se coucha pour la première fois depuis cinq jours. « C'est pour ne plus me relever, dit-elle à la femme de chambre de sa mère ». Cette bonne fille tâcha d'éloigner d'elle cette pensée, mais Félicie ajouta : « J'en suis si certaine que demain, dès qu'il fera jour, je remplirai le dernier et le plus consolant des devoirs. « Et en effet, elle fit avertir l'Abbé avant que personne de la famille fût éveillé, et pénétra ce digne ecclésiastique d'admiration, par la résignation et la tendre piété qu'elle manifesta.

Depuis ce moment, Félicie ne s'occupa plus que du Ciel, où elle espérait que son époux habitait. Madame de Bertelli était inconsolable, et cependant conservait encore quelque espoir, quoique les médecins eussent déclaré qu'il n'y avait aucun remède; que la révolution du lait avait entièrement dénaturé la masse du sang, et qu'il était impossible de lui rendre sa première qualité. Félicie voulut voir encore ses enfans, les bénit, embrassa sa mère, dit qu'elle désirait se recueillir un instant. Elle fit fermer ses rideaux: sa mère, inquiète, venait d'instant en instant auprès du lit de cette infortunée dont les maux allaient bientôt finir; sa respiration était haute et interrompue: tout-à-coup elle appelle Léopold; sa mère accourt, l'infortunée n'était plus.

Qui peindra la désolation de ces tendres parens, en perdant celle qui faisait leur gloire et leur bonheur, tandis qu'Hercilie et Léonide n'avaient cessé de leur causer des chagrins renaissans. Félicie avait demandé que les restes de son époux fussent amenés à Puiseleu; ils y furent déposés dans la même tombe que ceux de sa malheureuse compagne : et depuis ce temps, madame de Bertelli y conduit chaque jour les orphelins, qui y déposent les fleurs nouvelles, et ne s'en arrachent qu'après l'avoir arrosée des larmes du regret. Edouard et Théophile apprirent ces tristes nouvelles à l'armée, et obtinrent un congé pour venir pleurer une sœur qu'ils avaient si tendrement aimés; mais leurs parens jouirent peu de cette consolation. La guerre ayant repris avec plus de fureur que jamais, les deux frères furent forcés de rejoindre leurs corps, et furent tués l'un et l'autre à la bataille de Marengo. Ainsi, il ne reste aux auteurs de leurs jours que les enfans de leur fille, dont les qualités heureuses annoncent qu'ils seront un jour la consolation de la vieillesse de monsieur et de madame de Bertelli.

Léonide n'eut d'autre adoucissement à sa mortelle douleur que dans les soins affectueux de son frère. Ce bon Ponce ne connaissait d'autre règle que celle de suivre les mouvemens de son cœur, toujours d'accord avec la vertu. Il vint donc trouver sa sœur infortunée, qui était livrée au plus cruel désespoir. Son mari était parti en l'assurant, par un billet, qu'il ne la reverrait de sa vie, et ne lui pardonnerait jamais d'avoir causé la perte d'Hercilie et la mort de Boreston, dont elle l'avait rendu l'instrument involontaire; mais il ne lui disait pas qu'il l'avait entièrement dépouillée de tout ce qui lui restait.

Huit jours s'étaient à peine écoulés depuis la disparution de M. de Lewensky, quand on vint signifier à la pauvre délaissée le contrat de la vente de tous ses biens, meubles et immeubles, que son mari avait faite, comme nous l'avons dit, en vertu de pouvoir de sa femme, dans la meilleure forme. Que l'on juge de sa douleur; elle voulait encore une fois attenter à sa vie. Ponce et Jenni la calmèrent. Tous deux lui offrirent ce qu'ils possédaient. Elle accepta de l'un et de l'autre tous les secours dont elle avait besoin. Jenni partagea avec elle son appartement, et Ponce lui assura mille deux cents francs de rentes viagères, la suppliant de renoncer à toute intrigue. Tu ne seras pas riche, lui disait-il, mais c'est assez pour ne manquer de rien, surtout demeurant chez une amie. Walk, dont nous avons fort peu parlé, parce que c'était un homme très-insignifiant, se conduisit fort bien dans cette occasion, et mit beaucoup de générosité dans ses procédés: on convint de quitter l'hôtel qui, n'étant plus à Léonide, ne pouvait que lui retracer de tristes souvenirs, et ils louèrent un appartement au premier, rue Saint-Louis, au Marais; les meubles de Jenni suffirent pour le garnir décemment.—Ponce ne quitta point sa sœur qu'elle ne fut établie dans ce nouvel asile, où, si elle avait voulu suivre les conseils de son frère, elle eût pu être, sinon heureuse, au moins tranquille.

## CHAPITRE LXVIII.

*Existence trop paisible. — L'intrigante cherche à reprendre ses anciennes habitudes.*

Vivre dans le sein de l'amitié, y verser ses douleurs, ne connaître aucune privation des choses nécessaires a la vie, point d'embarras, point de dettes, pouvoir se mettre avec goût, et même avec une élégante simplicité, avoir une société qui, sans être nombreuse, présente une variété agréable : tel était le sort de Léonide. On voyait, il est vrai, peu de femmes dans son humble salon; le ton simple et modeste de celles du Marais ne pouvait convenir à ces dames; mais elles étaient agréablement remplacées par des artistes tels quels, de soi-disant gens de lettres, toujours prêts à consacrer leurs talens à la divinité qui règne dans ces lieux. Combien de femmes se trouveraient heureuses dans cette situation; cependant Léonide ne l'est pas. Habituée depuis sa première jeunesse à de grands mouvemens, à cette agitation qu'entraînent avec eux des projets hardis et dangereux, ou livrée à une passion qui avait pris un tel empire sur son âme, qu'elle avait suspendu toute idée d'intrigue, comment supporter le vide qu'elle éprouvait ? Quels charmes pouvait lui offrir une bouillotte, où elle n'osait même pas prendre une part active dans la juste crainte de perdre, en une soirée, ce qui devait assurer son existence pour un an. Elle eût engagé Jenni à renoncer à cette spéculation, si elle ne l'eût pas reconnue nécessaire à la fortune de madame Walk. C'était bien assez de lui avoir fait faire le sacrifice de changer de quartier, ce qui venait d'éconduire une partie de ses habitués. Mais peu à peu elle en aurait d'autres, et la maison se soutiendrait par ce moyen, que quelques personnes sont convenues de trouver honnête, et qui, selon moi..... Mais mon opinion sur cet objet importe peu au lecteur, et je n'ai pas envie de donner de l'humeur à quelques belles propriétaires de bouillotte, qui liront ces Mémoires. En attendant les joueurs, revenons à Léonide.

Tant que son frère resta à Paris, elle ne vit que lui. Elle était si accablée, si malheureuse, qu'elle croyait avoir renoncé au monde pour jamais. Mais quand Ponce fut parti, et qu'elle se trouva seule, absolument seule, pendant les soirées que M. et madame Walk passaient au jeu, elle désira de retrouver quelqu'un de ceux qui l'avaient vue dans sa brillante fortune; il lui semblait que c'eût été en jouir encore, au moins par le souvenir.

Un soir Jenni fit annoncer à madame de Lewensky, qu'un de ses plus zélés serviteurs désirait de la voir. Qu'il entre, dit-elle, pensant que ce pourrait être Dauzy; et elle ne se trompait pas. « C'est vous, mon ami, avez-vous des nouvelles de Lewensky?—Non, il paraît avoir renoncé à l'amitié comme à l'amour ». Léonide lui demanda s'il savait ce qu'était devenue Hercilie; si elle pouvait avoir quelque relation avec Stanislas. Il l'assura que rien n'était moins présumable; que les ordres de l'ex-Ambassadeur étaient donnés d'une manière si sévère, que sa mère même ne pouvait la voir. Léonide ressentit une secrète joie de ces nouvelles, et se persuada que si jamais son époux lui était rendu, il aurait entièrement oublié sa rivale. Dauzy, le plus faux de tous les flatteurs, parut penser comme elle; ajouta que la beauté de Léonide résisterait au temps, parce qu'elle tenait à la régularité des traits, au lieu que celle d'Hercilie n'avait que l'éclat du printemps. On ne doute pas que Léonide fut aisément persuadée par l'artiste, et qu'il lui devint d'autant plus cher, qu'elle ne savait point la part qu'il avait à l'intrigue d'Hercilie et de Stanislas. Elle s'informa du pauvre Sterville. Il était tombé dangereusement malade, quand il avait appris l'infidélité de la dame de ses pensées, qu'il avait si long-temps comparée à la chaste Diane ; mais le poete, plus sensible encore au malheur de sa belle qu'à son manque de foi, s'était promis d'adoucir son sort, s'il était possible ; et voici comment il s'était occupé de l'exécution de sa promesse.

Dès qu'il put sortir, il se rendit au couvent où Hercilie était enfermée; mais il ne put obtenir ni de la voir, ni de lui écrire. Il tenta tous les moyens de séduction, jusqu'à offrir à la supérieure de composer un hymne en l'honneur de l'Archange protecteur, de leur sainte maison. Il ne réussit pas davantage; et comme il revenait chez lui, Dauzy, qu'il rencontra, l'engagea à venir dîner. Ils s'entretinrent des malheurs d'Hercilie et de ceux de Léonide, et Dauzy conseilla au poete de porter ses vœux à l'abandonnée. Le poete, en l'assurant que cet acte de légèreté lui était impossible après le serment qu'il avait fait, s'engagea néanmoins à donner à l'amitié tout ce qu'il pourrait dérober à l'amour.

Peu de jours après il vint chez Léonide, qu'il trouva dans le plus grand abattement; il lui parla de leur commun malheur, et ne fut pas peu surpris de la réponse de madame de Lewensky. « Il y a dix ans, lui dit-elle, que vous me connaissez. Vous m'avez vu passer successivement sous les lois de trois époux de caractères bien différens; le seul qui fut vraiment estimable, était ce pauvre Bloc, que j'ai indignement oublié. Soumise au pouvoir d'un de ceux qui tyrannisèrent trop long-temps la France, nos liens furent rompus par une catastrophe dont je pensai être la victime. Mon libérateur me parut un dieu. Je ne crus d'abord ressentir pour lui que de la reconnaissance; bientôt ce sentiment fit place à un amour passionné. Il feignit d'y répondre; mais hélas! l'illusion se détruisit peu à peu. Cependant, que n'ai-je pu retenir ce cœur prêt à m'échapper? J'y sacrifiai ma fortune, ma volonté, jusqu'à mon amour. Je contraignais ma passion; je la forçai à se taire. Je parus me contenter de la tendre amitié qu'il me témoignait; les jours étaient si heureux par ses attentions délicates, et le charme de sa présence, que je me consolais de la longueur des nuits, quand le démon de la jalousie me fit exécuter le projet malheureux qui m'a perdue. Vous en savez la cruelle issue.

» Deux fois j'avais résolu de mourir, deux fois Jenni s'est opposée à mes desseins. Elle m'a forcée à supporter la vie, mon frère a cru me tracer un plan de vie supportable pour toute autre, mais qui ne peut convenir à l'impétuosité de mes sensations. Je languis dans cette obscurité. Elle me laisse trop voir l'image sanglante de Boreston dans le calme où je vis, j'entends les derniers gémissemens de Félicie; rien ne me distrait du souvenir d'un ingrat, qui m'abandonne après m'avoir ruinée, et la vengeance exercée contre Hercilie par son époux, ne me console pas d'avoir été si long-temps sa dupe. Eh! bien cher Sterville, puisque l'on n'a pas voulu que je mourusse, il faut que je sorte de ce cercle étroit; il faut que je rétablisse ma fortune; oui, je sens qu'elle m'est nécessaire; car (dois-je vous laisser lire dans mon faible cœur) je ne doute pas que Stanislas n'ait bientôt dévoré les trésors qu'il m'a enlevés; alors il aura encore besoin de moi, et qui sait si enfin, désabusé des criminelles jouissances, il ne reprendra pas ses légitimes liens? C'est sur vous, mon cher Sterville, que je me repose. Voyez les ministres, leurs maîtresses, leurs commis; trouvez des affaires où l'on ait besoin d'une vive sollicitation: mais ne vous mêlez que d'objets majeurs, qui donnent beaucoup, beaucoup d'argent; de faibles sommes ne changeraient pas mon sort, et m'exposeraient tout autant; que dis-je, plus? une grande fortune est un rempart assuré. Oh! les respectables remparts que des sacs pleins d'or. Voilà, mon cher Sterville, ce que j'attends de vous, mais de vous seul, surtout n'en parlez ni à mes parens, ni à M. et madame Walk. Ils ne seront instruits de mon changement de fortune, que lorsqu'elle sera assez considérable pour m'acquitter avec eux des services qu'ils me rendent dans cet instant et dont mon orgueil est humilié (1) ». Léonide se tut. Sterville, qui l'avait écoutée avec la plus grande attention, lui jura qu'elle pouvait compter sur lui. « Je connais, dit-il, deux ou trois affaires qui, si elles réussissaient, vous mettraient tout à coup dans une situation brillante ; mais j'ai besoin de Dauzy pour être au courant. Je vous demande la permission de le mettre dans

---

(1) Se trouver humiliée de recevoir des services de ses amis, et ne l'être pas d'employer pour s'en passer des moyens aussi vils que coupables ! Oh ! que l'orgueil est loin de la véritable fierté !

le secret. — J'y consens : à condition cependant qu'il n'en instruira pas son ami.—Il paraît que Stanislas ne conserve aucune relation avec la France.

—Il en conservera ; gardez-vous d'en douter.

VOLTAIRE.

Nous le reverrons, j'en suis sûre. En attendant, aidez-moi à disposer tellement les choses, qu'il me retrouve dans une situation assez magnifique pour désirer de resserrer nos liens; bien entendu que jamais je ne lui donnerai le moyen de disposer d'une fortune dont je veux qu'il jouisse *avec moi*.—Je vous admire, Léonide, et vous ne m'étonnez pas ; j'éprouve le même sentiment pour Hercilie. Il n'est rien que je ne fasse pour adoucir son malheur, et si je pouvais parvenir à lui rendre la liberté ?—Non, non, elle irait en Pologne ; qu'elle ne manque de rien, mais qu'elle ne sorte jamais.—

Nous n'en sommes pas là. Je vais chercher un homme admirable pour ce que nous désirons. Un nommé Williams Melsor. — Quoi ! vous connaissez cet Anglais ? — Beaucoup. — Et moi aussi. Amenez-le moi ; dites-lui que c'est Léonide de Mansville qui désire le voir, et je suis bien sûre qu'il ne tardera pas à venir. C'est une bien singulière chose ; il y a dix ans que nous étions ensemble à Coblentz : c'est lui qui fut cause du plaisant mariage de Jenni avec le Baron de Lengtenschen ». Léonide alors raconta à Sterville ce que l'on ne lui avait pas dit dans le temps. Il en rit beaucoup avec elle. Près de cette sirène il oublia presque la pauvre recluse.

« Mais, dit madame de Lewensky, comment s'y prendre pour que Jenni ignore les liaisons de Williams avec moi ? Il me vient une idée ; c'est de ne le recevoir que chez vous. — Vous avez bien raison ». Et il fut convenu que dès le lendemain matin Sterville donnerait à déjeuner à Dauzy et à Williams, et que notre héroïne se rendrait chez lui couverte d'un voile.

Dès que Léonide eut repris le projet de se lancer de nouveau dans l'intrigue, elle oublia tous ses sujets de chagrin, et ne s'occupa plus que du plaisir de se voir encore environnée des objets de luxe qui lui étaient aussi nécessaires qu'à d'autres les choses les plus simples. « Je racheterai, disait-elle, mon hôtel, mes diamans; j'aurai encore les plus beaux chevaux de Paris, les meubles les plus magnifiques. Je reprendrai mon cuisinier; il est si bon! il est impossible que je meure en petite bourgeoise. C'est bon pour celle qui fut ma femme de chambre; mais moi!.. fi donc! ce serait un meurtre. Je ne doute pas de mes succès, dès que Williams est ici. Celui qui a su marier une grisette avec un baron de la noblesse immédiate de l'Empire, saura bien en faire d'autres pour une femme telle que moi.

## CHAPITRE LXIX.

*Liaison entre des êtres immoraux. — Les faussaires. — Revers inattendu.*

Sterville, dans le temps qu'il était le sigisbé d'Hercilie, avait fait tant de folies pour elle, qu'insensiblement ses affaires s'étaient extrêmement dérangées. A l'extérieur, sa fortune paraissait la même; mais il y avait plus de deux ans qu'il ne vivait que d'anticipations, et quand on en est là, on est fort près d'être ruiné. Il saisit donc avidement le projet de Léonide, et ne s'occupa plus que de le mettre à exécution. Il chercha Williams, qu'il avait rencontré, et qui lui avait donné, en courant, son adresse, hôtel de Calais, rue des Arcis. Il s'y rendit, et trouva une fort vilaine maison, un escalier très-sombre, conduisant à deux ou trois chambres assez mal meublées, qu'on appelait un appartement. Williams était encore couché, quoiqu'il fût près de midi. Il avait pour cela une excellente raison ; les draps n'étaient pas à lui, il pouvait les user sans danger. Il n'en était pas de même de ses pantalons et de ses bottes qui menaçaient ruine, événement d'autant plus fâcheux, qu'il n'avait aucun moyen de les réparer, puisque qui dort dîne ; et c'était encore une recette très-analogue à sa position. « Êtes-vous malade, mon cher Williams, lui dit en entrant le poète ; qui vous retient dans votre lit ? — Je me porte bien et mal. Ma santé, selon le langage vulgaire, est très-bonne ; mais d'un autre côté, j'ai la plus douloureuse, la plus insupportable des maladies, celle qui les renferme toutes, et dont le terme est la mort. — Eh! bon Dieu, quelle est cette cruelle maladie? — Est-ce la goutte? — Non. — La gravelle? — Non. — L'hydropisie? — Eh! non. — La catalepsie? Non. — La puripulmonie? — Eh! non, non. — Enfin, qu'est-ce donc? — La misère. — J'en conviens; c'est un fort vilain mal, à ce que l'on dit, car je n'en ai jamais été attaqué. — Vous êtes bien heureux. — Cela pourra venir; mais en attendant, il faut trouver un moyen pour vous en guérir et pour m'en préserver. — Quel est-il ce bienheureux moyen, dit Williams en se mettant sur son séant? — Vous rappelez-vous, mon cher, la belle Léonide de Mansville? — Si je m'en souviens; qui pourrait l'oublier? je croyais qu'elle avait péri en Provence avec son second mari. — Non, très-heureusement elle a échappé à ses assassins, mis en fuite par un beau Polonais, qu'elle a épousé en troisièmes noces. — Oh! sur le fait des mœurs, on ne peut rien lui reprocher. — Elle a toujours par ses rigueurs forcé ses amans à l'épouser. — Et est-elle riche? — Il s'en faut, car le Polonais l'a complètement dépouillée. — Eh bien! comment voulez-vous qu'elle chasse la misère qui m'obsède? — Elle est toujours belle ; toujours intrigante comme l'ange des ténèbres; elle connaît tout Paris : avec cela, si nous la secondons, nous irons loin. — Oui, si la justice ne nous arrête pas en chemin. — La justice, c'est bien à des hommes comme nous qu'elle s'attaque! bon pour cette foule de gens qui s'imaginent de s'ingérer dans des affaires dont ils ne connaissent pas la force, et qui les écrasent au premier choc. Nous adjoindrons à nos sublimes travaux un fort bon homme, un artiste qui, assez mal traité par son Mecène, ne sera pas fâché de prendre part au profit des expéditions.—Eh bien! que faut-il faire?—Vous lever, vous habiller. — M'habiller, c'est bien dit ; cependant il faut savoir ce que vous entendez par ce mot : si c'est se couvrir seulement pour se garantir des intempéries de la saison, je le puis ; mais si par habiller, vous entendez être mis d'une manière convenable, et telle qu'un gentilhomme peut l'être pour aller chez un ministre, cela m'est impossible. — Vous le serez toujours assez bien pour vous rendre chez mon tailleur, avec une lettre de moi ; je vous en donnerai une autre pour mon chapelier, une pour mon bottier, et demain vous serez en état de paraître. — Voilà qui est parlé, et je suis des vôtres ». Williams prie M. de Sterville de passer dans la pièce voisine, sort de son lit, se couvre de ses modestes vêtemens, et vient retrouver le poëte, qui fait apporter un excellent déjeuner, écrit ses lettres, les donne à Williams et sort avec lui. Au bout de la rue, ils se séparent. Williams va chez ses ouvriers, Sterville chez Dauzy.

Ce dernier reçut le poëte avec un plaisir infini. Ils s'entendirent parfaitement, et secondés par Williams, dont tout l'extérieur annonçait une fortune aisée, ils inspirèrent bientôt confiance à des hommes à argent ; ils employèrent les premiers fonds à faire sortir Léonide de l'obscurité où elle languissait depuis six mois. Une charmante maison dans la rue Saint-Lazare, deux chevaux, une voiture modeste, mais agréable, des meubles, de l'argenterie, des parures élégantes, tout cela s'obtint à force d'intrigues, et ne donna d'autre peine à Léonide, que celle de vouloir bien en jouir.

On laissa Jenni dans le Marais. Elle s'y trouvait heureuse. Depuis long-temps elle avait oublié le rôle de baronne de la noblesse immédiate du Saint-Empire, qu'elle avait joué avec distinction, et celui de simple citadine lui convenait assez : Walk avait obtenu une place dans les octrois, valant six à huit mille francs qui, joints au produit de la bouillotte, lui procuraient assez pour vivre suivant son goût; heureuse que les circonstances la séparassent de son ancienne maîtresse, qui, livrée à des hommes sans principes et sans délicatesse, la conduisirent à sa perte.

Madame de Lewensky eut, pendant deux ou trois années, des succès assez brillans ; mais ne pouvant se borner, elle se perdit, malgré tout ce que pouvait lui dire son frère, qui la voyait sur le penchant de l'abîme, et faisait des efforts inutiles pour l'empêcher d'y tomber. Le bon Ponce, se partageait entre sa mère et sa sœur ; car ces dames ne se voyaient pas depuis la mort de Félicie, qu'on ne pouvait, dans la famille, pardonner à Léonide.

Il y avait environ deux mois que M. de Mansville était retourné à Puiseleu, lorsque Williams vint chez madame de Lewensky, avec l'air d'une grande satisfaction. « Et qu'avez-vous donc, lui dit Léonide, qui vous rend si joyeux ? — On vient de me proposer la plus belle, la plus magnifique affaire que l'on puisse imaginer. Cinq cents mille francs à gagner. — Eh ! que faut-il faire ? — Employer votre esprit, vos grâces, ce charme de la séduction dont la nature vous a douée au-delà de l'expression, pour déterminer l'ordonnateur V** à vous donner une signature pour un pauvre diable de fournisseur, qui demande dix-sept cents mille francs. — Qui lui sont dûs ? — Il le dit. — Ce n'est pas toujours une raison de le croire. — Mais cinq cents mille francs à partager entre nous ! où trouver une pareille aubaine ? — C'est beaucoup, et cela prouve que la difficulté est insurmontable. — Pour toute autre que pour vous; mais qui pourrait vous résister ? vous irez trouver l'ordonnateur, vous lui direz que le fournisseur est votre parent; que vous prenez à lui le plus vif intérêt, et qu'il y a cent mille francs pour lui. — M. V\*\* a une réputation de probité bien désespérante pour ceux qui font des affaires ; mais cent mille francs sont bien tentans. » Ainsi, notre héroïne finit par se décider à faire les offres; et pour les rendre aussi séduisans que possible, elle passa une heure de plus à sa toilette. Williams, qui devait lui donner la main, pour aller chez l'ordonnateur, fut ébloui de l'éclat de sa beauté, et ne conçut aucun doute du succès. Le fournisseur avait confié les cent mille francs à Williams, sous la signature de Sterville, que l'on croyait riche; il les remit à Léonide en billets de caisse, enfermés dans un porte-feuille. Aussitôt la signature donnée, elle devait se retirer en le laissant sur le bureau, pour ne pas forcer l'ordonnateur à rougir. Tout cela n'était pas mal combiné; mais rien ne devait en réussir.

L'ordonnateur reçut d'abord madame de Lewensky avec la politesse et les égards que s'attirent toujours la beauté; mais dès qu'elles montra l'état, il fronça le sourcil et ne voulut rien entendre. « C'est un fripon, lui dit-il ; sûrement il a mis deux ou trois zéro de trop ». Madame de Lewensky déploie tous les genres de séduction ; ils manquent leur effet. Enfin, d'une main irrésolue elle tire le porte-feuille, et le déposant sur le bureau : « Cent mille francs, bien comptés, dit-elle en s'efforçant de sourire, ne pourraient-ils pas rectifier quelques petites fautes de calculs » ?

L'ordonnateur se lève, prend les billets, et les remettant à Léonide. « Reprenez ceci, Madame, lui dit-il, et ne me forcez pas à vous témoigner à quel point je suis offensé qu'on ose me faire une semblable proposition, et plus étonné encore que vous vous en soyez chargée ». Léonide veut répliquer. « Vous m'avez entendu, Madame, que ce soit je vous prie pour la dernière fois, car je serais obligé de me plaindre ». Madame de Lewensky, ne sachant comment cacher son trouble, sort désespérée. Le fournisseur attendait Léonide chez elle, avec Dauzy et Sterville. Ils virent à sa contenance que l'affaire était manquée. Elle remit tristement le porte-feuille à l'homme aux 1,700,000 fr. « Je suis perdu, dit-il, je n'ai plus qu'à me pendre : qui paiera ce que je dois. Ne vous déconfortez pas, dit Williams, je me fais fort de me procurer une signature de l'ordonnateur. —Moi, dit Dauzy, de l'imiter à s'y méprendre. — Oui, mais c'est dangereux, reprit Sterville. —La présenterez-vous, dit le fournisseur à Léonide. — Il le faudrait bien pour vous tirer d'embarras ». Ce projet infâme s'exécuta sans pudeur. Dauzy osa contrefaire la signature, Léonide, qui ne l'ignorait pas, présenta cette pièce fallacieuse au Ministre, qui, d'abord trompé par la ressemblance de la signature, promit de faire payer. Léonide revint transportée de joie, et semblable à la laitière, elle fit dans son imagination l'emploi des 500,000 fr. Elle veut racheter la terre de Mentiel, la faire ériger en comté, car déja on avait repris les distinctions; et madame de Lewensky fut une des premières qui désira un titre, et ne sera pas malheureusement la dernière qui voudra obtenir des honneurs au prix de l'infamie.

L'affaire paraissait tellement certaine, que l'on se livrait d'avance à toute la joie qu'elle inspirait. Le fournisseur pour témoigner sa reconnaissance à madame de Lewensky, la conduisit dans une maison de campagne qu'il avait à Meudon. Là il avait réuni une société brillante ; il y avait un théâtre, on joua deux opéras comiques. On dansa, et Léonide, malgré ses trente ans, fut trouvée charmante. Le fournisseur était dans l'enchantement, disait à tous ses amis : « C'est à madame de Lewensky que je dois mon bonheur ». On revint à Paris aux premiers rayons du jour ; c'était celui ou l'affaire devait être expédiée, et Léonide comptait, après avoir pris quelques heures de repos, aller dans les bureaux pour savoir si tout était prêt, ou pour hâter les employés s'ils n'avaient pas tenu parole : on ne lui en laissa pas le temps.

Elle s'était à peine livrée au sommeil, qu'elle fut éveillée par un bruit extraordinaire qui faisait retentir la maison. Une escouade de gendarmerie s'en était emparée, et en gardait exactement les portes. Bientôt on frappe à celle de sa chambre, et on lui ordonne d'ouvrir *au nom de la loi.* Tremblante, car elle savait combien elle était coupable, elle sonne sa femme de chambre, qui entre par une porte de communication : on frappe de nouveau, on menace d'enfoncer les portes. Léonide dit d'ouvrir, et aussitôt sa chambre est remplie de gendarmes. Un exempt lui signifia un mandat d'amener. Elle se trouva mal, et n'attendrit pas ces messieurs, dont la sensibilité n'est pas la vertu dominante. Ils dirent, en jurant, qu'ils n'avaient pas le temps d'attendre toutes ces simagrées;

qu'il fallait qu'elle se levât et vînt avec eux. Force lui fut de reprendre l'usage de ses sens. Elle demanda qu'au moins on la laissât libre pour se lever et s'habiller; le brigadier qui commandait la troupe, dit que rien n'était si simple; mais qu'il fallait qu'on posât une sentinelle aux deux portes. Léonide protesta que cette arrestation était injuste; qu'elle n'avait rien fait qui pût lui attirer un semblable traitement : on n'en tint compte. On avait donné ordre au cocher de mettre les chevaux. Ils furent prêts en même temps qu'elle fut habillée. Elle monta en voiture avec l'exempt et le brigadier, et on la conduisit chez le préfet de police. Celui-ci était occupé, et le secrétaire-général fut chargé de l'interrogatoire, que l'on commença par les questions d'usage; puis il lui présenta un billet déchiré en deux, mais dont les parties se réunissaient parfaitement, et il lui demanda si c'était là son écriture. «Oui, dit-elle, du moins je le crois, car il est possible qu'elle soit contrefaite. — Il paraît, par ce même billet, qu'en effet l'on peut imiter, et parfaitement, une signature. — Je ne sais pas, dit Léonide l'air fort interdit ». Et le secrétaire-général fit lire, par un commis, le billet que voici.

*Billet de Léonide au fournisseur.*

«Soyez tranquille, l'imitation est parfaite, et d'ailleurs c'est moi qui présenterai cette pièce au M**. Il ne s'avisera pas de penser..... Enfin, je vous réponds du succès; et suis tout à vous.

Ce jeudi.
L. L. »

« Ce billet, dit Léonide, est une plaisanterie; nous avons joué la comédie, il était dans mon rôle, et la preuve c'est qu'il est déchiré. — Cette défense pourrait servir si vous n'aviez pas signé les lettres initiales de votre nom, ce qui ne se fait pas dans un rôle. Il est aussi daté du jour précis où vous avez eu une audience du Ministre, désigné dans votre billet par la lettre M\*\* ; vous y parlez d'imitation ; et il est à présent prouvé par les experts, qu'en effet la signature de l'état remis au ministre est imitée et fausse. Voilà, Madame, de terribles argumens contre vous. Je vous conseille de mériter l'indulgence de la justice par un aveu sincère ». Léonide ne répondit pas. Le secrétaire-général ne pouvant en rien tirer, dit qu'elle resterait à la Préfecture jusqu'à ce que le préfet l'eût interrogé. On sera peut-être surpris que le billet de Léonide fût tombé dans les mains du préfet, et que le ministre se fût aperçu aussi promptement de la fausseté de la signature. Nous allons succinctement révéler la cause de ces événemens.

On a parlé de la fête que le fournisseur avait donné à madame de Lewensky. Il se trouva, dans le nombre de ceux qui étaient invités, un M. Person, ami de l'ordonnateur qui avait refusé sa signature. M. de V** avait parlé de cette affaire, et dit à son ami, M. Person, qu'on lui avait fait offrir, pour signer l'état, cent mille francs, qu'il avait refusés. M. Person fut donc bien étonné d'entendre le fournisseur se vanter que le ministre avait promis d'ordonnancer. Il crut trouver quelque chose de louche dans cette affaire; et profitant du nombre de convives qui, obstruant la maison du fournisseur, ne laissèrent pas apercevoir sa disparution, il quitta Meudon, et vint directement à Paris chez l'ordonnateur. « Apprenez-moi donc, lui dit-il après les premiers complimens, comment l'homme aux dix-sept cents mille francs a pu présenter son état de créance? vous l'avez donc signé? — En aucune manière; vous savez que j'ai résisté à toutes les séductions à cet égard; mais ce que vous dites la m'inquiète. Je vais sur-le champ le savoir ». L'ordonnateur se rend aussitôt chez le secrétaire-général, et s'informe par quel hasard on s'est passé de sa signature dans l'affaire qu'il désigne. — Elle y est, je vous jure. — Et moi je vous proteste que non ». On cherche l'état; il est signé. Ce n'est point ma signature, je le prouverai quand on voudra. » En effet, en confrontant cette signature avec celle de l'ordonnateur, il fut prouvé qu'elle était fausse. On alla sur-le champ en avertir le ministre, qui donna l'ordre de poser les scellés chez le fournisseur : parmi les papiers, l'officier public trouva le billet dont nous avons parlé, déchiré en deux et mis au rebut. Cet homme autrefois avait eu des relations avec Léonide, du temps qu'elle était femme de Scipion. Il connaissait parfaitement son écriture. Il ramasse donc ce chiffon de papier, et l'ayant lu, il y trouva du rapport avec l'accusation de faux portée contre le fournisseur. Aussi il se hâta d'insérer sur son procès-verbal le billet de Léonide, qui fut remis au préfet. Celui-ci lança aussitôt un mandat d'amener contre la coupable qui, sans s'en douter, touchait au terme de ses prospérités.

## CHAPITRE LXX.

*La Préfecture. — Remords un peu tardifs. — Châtiment. — Catastrophe.*

LE fournisseur fut arrêté au même moment et interrogé. Il convint de tout, et nomma Dauzy comme auteur du faux. Celui-ci dit que Sterville et Williams l'avaient entraîné dans ce crime, dont il n'avait pas senti toutes les conséquences. Aucun d'eux n'échappa à la surveillance de la police. On remarqua que depuis plus de deux ans la maison de madame de Lewensky se soutenait d'une manière très-agréable, sans qu'elle eût un sou de revenu. On examina avec soin sa conduite. On sut qu'elle ne quittait pas les bureaux; qu'il n'y avait presque pas d'affaires majeures qu'elle n'eût sollicitées, et dont elle n'eût hâté la décision. Elle était violemment soupçonnée d'être complice de l'accusation de faux dont on suivait le jugement. On imagina que ce n'était peut-être pas la première, et cela rendit son affaire plus mauvaise.

Cependant ces fâcheuses nouvelles parvinrent à Puiseleu ; la santé de Célestine était assez mauvaise depuis quelque temps. Lorsqu'elle lut dans le journal l'aventure du fournisseur et de ses complices, où se trouvait le nom de madame de Lewensky, ce fut pour elle un coup de foudre. Elle tomba dans un état convulsif qui fit tout craindre pour ses jours. Cependant ce fut elle qui engagea son fils à aller à Paris. « Employez tout pour la sauver, disait cette malheureuse mère ; que cette affaire soit assoupie à quelque prix que ce soit ». Elle n'avait pas besoin d'exciter le zèle de M. de Mansville; malgré tous les torts de sa sœur, il l'aimait très-vivement: et puis, que ne donnerait-il pas pour détourner de son nom la flétrissure qu'une punition publique allait y imprimer!

Il ne perd donc pas un instant, et se rend à la préfecture, où madame de Lewensky était encore. Qui peindra le spectacle qui se présente à ses regards? Un escalier noir et étroit, pratiqué dans une tourelle, conduit à des espèces de greniers, sales et enfumés. Là une multitude d'hommes, de femmes, pêle-mêle, n'ayant que des bancs pour passer le jour et la nuit, présente un contraste étonnant; les uns fument, chantent, jurent et boivent; d'autres, et ce ne sont pas les plus coupables, paraissent abîmés dans une profonde douleur; mais aucun d'eux n'a de repos, c'est l'image des enfers; et malheur à l'innocent qui, par des mesures de sûreté générale ou des accusations calomnieuses, se trouve exposé à cette cruelle épreuve !

Ponce, le cœur déchiré, cherche en tremblant sa malheureuse sœur : on l'appelle, elle ne répond pas. Enfin, il l'aperçoit assise sur un des bancs dont nous avons parlé, les deux coudes appuyés sur une table, où elle a obtenu du farouche geôlier le droit de conserver sa place, moyennant une pièce d'or de quarante francs qu'elle lui a donnée en entrant. Elle paraît abîmée dans les plus douloureuses réflexions. Elle est enveloppée dans un schall qui lui couvre en partie le visage. Ah! qu'elle est belle encore dans ce douloureux abandon. Ponce la considère un instant, et des larmes brûlantes s'échappent de ses yeux. « Léonide, lui dit-il du ton le plus doux : Léonide! — Ah! Ciel, s'écrie cette infortunée en détournant la tête ? c'est toi Ponce, que viens-tu chercher ?— Ma sœur.—Je ne suis plus digne de ce nom; je suis l'opprobre de ma famille. O Ponce ! abandonne moi. — Moi, t'abandonner, jamais. Dis, que faut-il faire pour te sauver?— Rien, mon ami ; j'ai joint à une action honteuse la plus haute imprudence. J'ai écrit et signé les preuves de mon crime. — Il est donc vrai que tu es coupable ? — Que trop vrai ; ainsi, tu vois, mon ami, que tu dois m'abandonner. — Non, non, je t'ai voué dès mon enfance une amitié à toute épreuve, et elle durera jusqu'à mon dernier jour.— Eh bien ! s'il est vrai que malgré mes fautes tu me conserves un grand intérêt, rends-moi, mon cher Ponce, le seul service que je réclame de toi ; engages ton précepteur à venir me trouver. Non pas ici, il serait impossible que nous eussions un moment de tranquillité ; mais je serai bientôt transférée seule dans une prison ;

j'y remplirai un devoir bien pénible, mais qui peut seul me procurer quelque repos. — Quoi! serait-il possible, Léonide, que tu fusses revenue à la foi de nos pères. — C'est en entrant ici ; c'est en entendant des scélérats, connus pour tels, blasphémer celui qui les a créés, que je me suis dit : L'impiété est donc un rempart contre le remords ; mais que reste-il au coupable, si ce n'est le repentir, au moment où l'attend un Juge vengeur?

» Ces deux pensées, qui dérivent l'une de l'autre, firent une forte impression sur moi; je vis que le temps était fini pour ta Léonide. L'éternité se présenta à mes regards. D'abord elle m'effraya, mais peu à peu les idées de pardon, de miséricorde s'unirent à celle de l'immensité des siècles. J'osai descendre dans mon âme, j'y vis l'abus des dons les plus précieux, mon ingratitude envers cet Être qui, heureux par lui-même, n'a pas besoin de sa créature, et qui veut bien néanmoins s'en occuper sans cesse. Je trouve au milieu des débris des vertus que le Ciel m'avait données, un amour sincère de la justice; il m'inspire une parfaite soumission à l'arrêt que j'attends, je m'y soumets d'avance; et l'invoquerais, pour ainsi dire, si j'avais la certitude d'y soustraire mon nom. Voilà, cher frère, l'étonnante révolution que ce malheur mérité a fait sur mon âme. — Ah! ma Léonide, celui qui enfin s'est fait connaître à toi, n'aura permis cette douloureuse épreuve que pour te ramener à lui. Je vais faire partir sur-le-champ pour Puiseleu; j'écrirai à l'Abbé, qui viendra aussitôt; ce sera pour ma mère une grande consolation. — Hélas! je n'osais pas t'en parler, sait-elle..? — On n'a pas pu le lui laisser ignorer. — Qu'elle doit me haïr! Ah! mon frère, obtiens d'elle qu'elle ne me maudisse pas. — Elle en est bien éloignée, c'est elle qui m'a envoyé vers toi. — Mon Dieu, la clémence de ma mère me fait espérer en la tienne! — Il faut que je te quitte, que je fasse l'impossible pour te sauver ; je ne veux pas que tu reste confondue avec cette vile canaille... — Moins coupable que moi, peut-être, et qui surtout n'avait pas les mêmes moyens que moi d'être vertueuse. — N'importe, je ne souffrirai pas que tu sois aussi mal ». Appelant alors le geôlier, il obtint à prix d'argent une chambre, un lit, paya pour huit jours une nourriture saine, bien apprêtée, et dit qu'il viendrait tous les jours dîner avec sa sœur. « Votre sœur ou votre cousine, tout cela m'est bien égal ; quand on paie, avec moi, on est toujours les plus honnêtes gens du monde ». Ponce donna aussi de l'argent à la femme du con-

-cierge, pour que sa jeune fille, personne de dix-huit à dix-neuf ans, servît sa sœur. Tranquille de ce côté, il revint chez lui, écrivit à sa mère, à l'Abbé, fit partir son domestique, puis alla chez le préfet : il employa tout ce que l'éloquence a de plus persuasif, tout ce que l'intérêt a de plus puissant ; soins superflus ! Le préfet fut impassible. « Le billet, disait-il, est irrécusable ; c'est une preuve impossible à détruire : je ne puis d'après cette pièce, ne pas livrer madame de Lewensky aux tribunaux. Ils la jugeront; si elle se justifie, j'en serai fort aise ; j'aurai fait mon devoir, ils feront le leur en l'acquittant, si elle est innocente ». Voyant qu'il ne pouvait rien obtenir de ce magistrat, Ponce alla trouver le secrétaire-général, qui ne fut pas plus traitable. Désolé de l'inutilité de ses démarches, il retourna chez sa sœur, et la trouva considérant un portrait de

Lewensky, qu'elle lui remit. « Je ne sais, dit-elle, quel sera mon sort ; mais si je suis tranférée.... Elle s'arrêta ; je ne veux point que cette image hélas trop chérie...» — Oh ! ma sœur, reprit Ponce, c'est sa faute; s'il ne t'avait pas abandonnée.... — Arrête, mon frère, ce n'est pas à moi d'accuser celui dont je vais couvrir le nom d'un opprobre éternel ». Ponce chercha à la distraire de ses douloureuses pensées, lui cacha une partie de ses alarmes, et s'en sépara le soir, en l'engageant à prendre quelque repos.

Le lendemain, le Préfet l'interrogea de nouveau ; elle avoua tout : on la confronta avec Williams, Sterville, Dauzy et le fournisseur ; elle ne les chargea, ni ne les excusa. Le préfet fut frappé de sa beauté, de ses grâces, de la noblesse de son langage. Il se sentit ému jusqu'au fond du cœur; il fallut qu'il triomphât de lui-même, pour donner des suites à cette malheureuse affaire. On assure que sa main tremblait en signant le procès-verbal, et qu'il se hâta de se retirer sans jeter les yeux sur la trop intéressante coupable, qui fut à l'instant transférée à la Conciergerie.

Ponce l'y suivit. Il déploya dans cette prison la même générosité qu'à la Préfecture, et obtint pour sa sœur les mêmes adoucissemens. Il venait aussi partager ses repas dans cette demeure sombre et malsaine.

Deux jours après il y introduisit l'Abbé; celui-ci n'avait pu quitter plus tôt la comtesse de Mansville, qui avait été à toute extrémité. La conversion de sa fille ranima son espérance et sa vie; et dès que l'Abbé l'avait cru hors de danger, il était venu trouver Léonide, chargé du pardon et de la bénédiction de sa mère. Elle en ressentit une grande consolation; et en trouva une bien plus efficace encore dans les secours de la religion, que l'Abbé lui apportait au nom de celui dont il était le digne ministre. Il la vit plusieurs fois pendant l'instruction du procès, et la reconcilia avec le Ciel.

On se portait en foule aux audiences par curiosité, et on n'en sortait point sans être sensiblement ému de la douloureuse résignation d'une aussi belle femme, et de la touchante amitié de son frère, qui ne la quittait pas. Enfin le fatal jugement fut prononcé. Dauzy et le fournisseur furent condamnés aux galères perpétuelles; Williams et Sterville à deux ans de travaux forcés; tous à l'exposition sur le tabouret; et l'infortunée Léonide n'en fut pas exempte. A ce mot affreux elle tomba sans mouvement dans les bras de son frère. Il la porta mourante dans la voiture; obtint à force d'or d'y monter à ses côtés. Elle ouvrit les yeux, comme elle approchait de la prison où on la transférait. « Je te remercie, lui dit-elle, mon cher Ponce, de ce que tu fais pour moi, et dont toi seul étais capable. Je n'abuserai pas long-temps de tes bontés, je suis blessée à mort par ce flétrissant arrêt. Je le reçois comme la punition de mon crime ; mais je n'en mourrai pas moins ». Elle passa encore plusieurs jours dans ce nouvel asile de la vengeance publique. Enfin elle en sortit pour subir son arrêt. Ponce fut encore avec elle de l'Hôpital à la place du Palais. Au moment où la voiture arrivait, Ponce prit sa sœur dans ses bras et l'embrassa en fondant en larmes. Quand elle vit le fatal poteau, où son nom était écrit en caractères infamans, elle tomba sur les genoux, et l'on crut qu'elle ne pourrait monter sur l'échafaud. L'exécuteur de la justice fut obligé de la soutenir. Elle s'assit et se laissa attacher sans proférer un seul mot. Elle jeta un regard douloureux sur ses quatre complices qui, à ce moment, partageaient sa peine, mais étaient loin de la sentir aussi vivement. Elle avait, pour se dérober, autant qu'il lui était possible, aux regards du public, avancé sur ses yeux une cornette de mousseline; son frère, l'infortuné Ponce, mêlé dans la foule qu'une insultante curiosité rassemble autour des condamnés, ne la perdait pas de vue. La pâleur de Léonide était extrême; mais il parut à son frère qu'elle s'augmentait encore. Ses lèvres se décolorèrent, et sa tête se pencha sur sa poitrine. « O mon Dieu! dit Ponce, elle se trouve mal ». Ceux qui étaient le plus près de l'échafaud repètent le même cri. L'exécuteur de la justice va pour lui donner quelques secours; mais elle n'en avait plus besoin, la rigueur des lois n'atteint plus qu'un cadavre. Celu

*Tome IV.* 9

qui est chargé de leur exécution, est frappé d'étonnement. Il prononce, d'une voix étouffée: « Elle est morte!» Ses complices envient son sort. Son frère, son malheureux frère, franchit les degrés, la délie, la prend dans ses bras, la couvre de baisers, veut qu'elle vive, quand il aurait tant de sujets de bénir sa mort. C'est sa sœur, l'amie de son enfance, le seul objet de ses chères affections; c'est la plus belle, la plus spirituelle des femmes qui meurt à trente ans, par l'impression terrible de la honte, que son cœur naturellement fier n'a pu supporter! On s'empresse de finir cette scène déchirante; on veut séparer Ponce des reste de Léonide, c'est impossible! « Elle n'est plus sous l'empire de la loi, dit-il; la mort l'affranchit de toute condamnation; que l'on me laisse au moins son corps! » Il lui est accordé. Prenant une voiture, il y porte ses dépouilles, et accompagné de l'Abbé, qui ne s'était pas éloigné, et de son fidèle serviteur, ils arrivent à Puiseleu. Madame de Mansville, que son fils croyait dans son lit, et qu'il comptait faire prévenir par ses cousines de ce nouveau malheur, inquiète de n'avoir pas de nouvelles de Ponce, était descendue avec ses cousines dans l'avenue pour aller au-devant du courier. Elle voit une voiture, elle pense que ce sont eux ; car elle avait écrit à Ponce de ramener sur-le-champ Léonide à Puiseleu, si elle était acquittée, comme l'espérait sa famille. Elle hâte le pas. Ponce l'aperçoit, fait un cri, et dit, en descendant de carrosse : « Ah ! ma mère, n'approchez pas ! — Qui y a-t-il donc ? où est Léonide...? — Là, ma mère, en montrant la voiture; là! mais gardez-vous de chercher à la voir. — Que dis-tu ? — Ah! mes tantes, je vous en conjure, faites rentrer ma mère dans son appartement !

Non, non, je veux la voir! » Et elle s'élance. Les chevaux sont arrêtés, la portière est restée ouverte; rien ne peut l'empêcher de s'assurer de la triste vérité. C'est bien Léonide ; Célestine l'appelle : elle ne répond pas. « Ah! Dieu ! s'écrie-t-elle, est-ce donc morte, que vous me rendez ma fille! » Et elle tomba aussitôt dans le même état convulsif dont elle sortait à peine. On la reporte chez elle. Ses malheureux amis lui prodiguent tous leurs soins. Tandis que Ponce fait porter les restes de sa sœur dans une chambre du château, où l'Abbé reste à prier pour elle, il retourne à sa mère, qui ne le reconnaît pas. La nuit se passa dans les mêmes tourmens, et au point du jour une crise plus violente que celles qui l'avaient précédées, termina la longue et déplorable vie de madame de Mansville.

On rendit en même temps à Léonide

et à sa mère les derniers devoirs. MM. de Lorgiac et de Bertelli, qui avaient déjà tant souffert, ressentirent, ainsi que leurs compagnes, ce nouveau chagrin avec une extrême sensibilité, d'autant plus qu'ils pouvaient s'en accuser, puisque c'étaient eux qui s'étaient opposés au retour que Léonide voulait faire sur elle-même. Ce fut une raison d'employer tous leurs moyens pour calmer l'affreuse douleur que Ponce ressentit de ces deux morts, dont le souvenir ne s'effaça pas un instant de sa mémoire. Il vit encore, mais pour pleurer tout ce qui lui fut cher. Les enfans de Félicie suspendent seuls, par leurs douces caresses, la tristesse profonde qui le conduit lentement au tombeau.

## CONCLUSION.

Jenni, effrayée des malheurs de celle qui l'avait traitée avec ingratitude dans les dernières années de sa vie, n'en fût pas moins profondément affligée de son sort. Elle renonça entièrement à la société, n'eut plus de bouillotte, et vécut avec le revenu de la place de son mari et quelques économies qu'elle avait faites. Ayant su que sa belle-sœur était dans la misère, elle lui envoya un contrat viager de douze cents francs, en lui apprenant la mort de Léonide, qui pouvait lui être attribuée par la mauvaise éducation qu'elle lui avait donnée. Madame Walk ne jouit pas long-temps de ce bienfait tardif, et mourut deux mois après.

Lewensky, comme sa femme l'avait prévu, après avoir dissipé tout ce qu'il lui avait volé, voulut revenir en France, ayant su par une lettre de Dauzy que Léonide avait rétabli sa fortune, qu'il venait dissiper encore une fois; mais comme il allait partir, Dauzy ayant de se rendre aux galères, lui apprit ses malheurs et ceux de celle qui portait son nom. Alors, n'ayant plus rien à espérer, il alla rejoindre l'armée française et périt dans la retraite de Moskou. Le temps que la loi avait fixé pour la détention de Sterville et de Williams s'étant écoulé, le premier partit pour l'Amérique, et mourut de la fièvre jaune à Saint-Domingue; l'autre retourna en Angleterre, où il fut pendu pour vol. L'Abbé continua ses respectables fonctions dans la famille de Léonide, et surtout inspira aux enfans qui lui étaient confiés, l'horreur de l'intrigue, en leur donnant pour exemple celle qui eût dû faire la gloire de sa famille, et qui finit par en être la honte.

FIN DU QUATRIÈME ET DERNIER VOLUME.

# TABLE DES CHAPITRES

## DU QUATRIÈME VOLUME.

Pag.

Chap. XLVI. *Passe-temps d'une jolie Veuve.* 5

Chap. XLVII. *Comme deux amans finissent toujours par s'entendre.* 17

Chap. XLVIII. *Apprêts d'un troisième hyménée. — Diverses sensations qu'il fait naître dans la famille.* 30

Chap. XLIX. *La grande affaire se conclut.* 39

Chap. LX. *Premier revers. — La belle seigneurie de Mentiel est engloutie.* 45

Chap. LXI. *Lormin dans son ménage. — Jalousie du* 60

| | Pag. |
|---|---|
| lonel — *Mort de deux personnages intéressans.* | 61 |
| Chap. LXII. *Les perfides dressent leurs batteries.* | 79 |
| Chap. LXIII. *Rentrée de Léonide dans la Capitale.* | 86 |
| Chap. LXIV. *Arrivée de l'époux. — Il se refroidit et pour cause.* | 92 |
| Chap. LXV. *Les époux infidèles. — Soupçons. — Ruse de Léonide.* | 107 |
| Chap. LXVI. *Révélations indiscrètes. — Repentir tardif.* | 116 |
| Chap. LXVII. *Suites d'un rapport trompeur. — Le duel. — Tout se découvre.* | 125 |
| Chap. LXVIII. *Existence trop paisible. — L'Intrigante cherche à reprendre ses anciennes habitudes.* | 146 |

Chap. LXIX. *Liaison entre des êtres immoraux. — Les faussaires. — Revers inattendu.* 160

Chap. LXX. *La Préfecture. — Remords un peu tardifs. — Châtiment. — Catastrophe.* 180

Conclusion. 197

FIN DE LA TABLE DES CHAPITRES DU QUATRIÈME-ET DERNIER VOLUME.

www.ingramcontent.com/pod-product-compliance
Lightning Source LLC
Chambersburg PA
CBHW071949110426
42744CB00030B/660